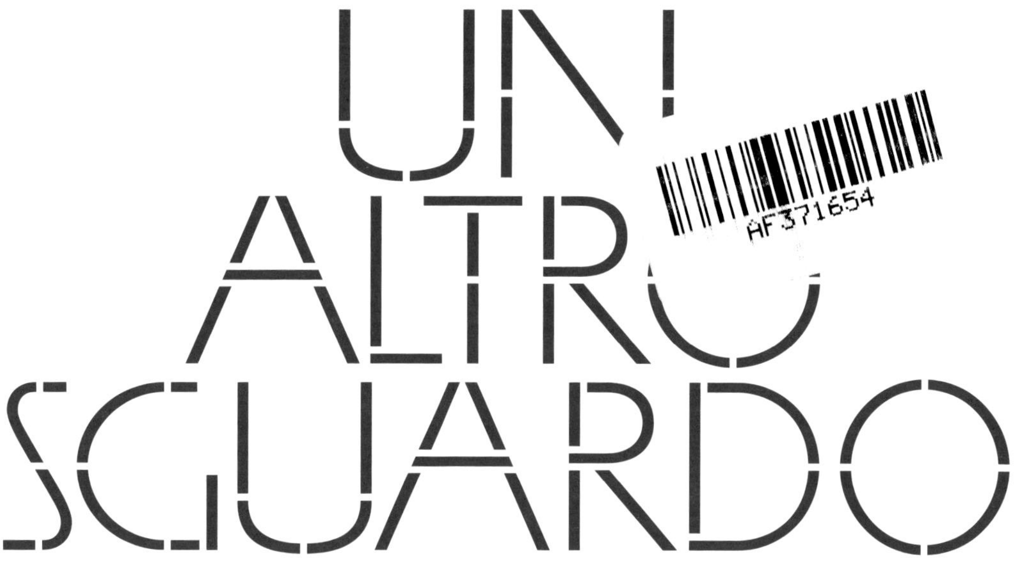

UN ALTRO SGUARDO

A DIFFERENT GAZE

Gemma De Angelis Testa Collection

**INDICE
TABLE OF CONTENTS**

"Una collezione è anche la storia personale
di chi la crea poco per volta [...].
È anche la proiezione della propria
personalità negli artisti e nelle opere scelte
[...]. Ancora colleziono, e scelgo artisti.
Sempre in funzione dei miei pensieri."
– Giuseppe Panza di Biumo, *Ricordi
di un collezionista*, 2006[1]

Un altro sguardo è quello che dagli anni
Cinquanta del Novecento, e per cinquant'anni,
ha guidato Giuseppe Panza di Biumo nel raccogliere una collezione straordinaria di opere di
artisti all'epoca sconosciuti, difficili, stranieri,
lontani dal gusto italiano e dal mercato dell'arte.
Un altro sguardo nato dalla fascinazione per un
altro mondo – dalla sua "scoperta" dell'America –,
ma anche e soprattutto da una personalità originale: un altoborghese anticonformista, un
intellettuale libero e sofisticato, un conoscitore
appassionato e insaziabile, alla costante ricerca, quasi ascetica, di sé, di un senso delle cose,
ma soprattutto di un'armonia tra di esse. Un
altro sguardo che nel collezionismo d'arte ha

trovato soddisfazione e piena espressione,
non solo nella scelta degli artisti, ma anche nella
messa in scena delle opere sul palcoscenico
della propria casa, Villa Panza, che è la "sua"
grande opera, e di certo una testimonianza vivi-
da della sua storia. Un altro sguardo, dunque,
sul collezionismo: originale, perché nutrito non
solo di conoscenza e passione, ma anche di
una sensibilità estetica fuori dal comune per
l'ambiente in cui l'arte si (es)pone, in un'armonia
che deve scaturire dal concerto di architettura
e natura, di mobilio e decorazioni, e che non
ammette stonature, ma semmai solo ragionatis-
sime dissonanze.

Lo sguardo di Giuseppe Panza di Biumo,
il suo essere un collezionista, è uno dei conte-
nuti più originali e significativi che Villa Panza
testimonia e racconta. Non un museo, ma la casa
di un collezionista, il cui valore non sta solo
nelle opere, ma proprio nella creazione di un
"ambiente" peculiare, che riflette la sua personalità e il suo metodo. Un collezionista originale
nelle scelte, ed esemplare nell'atteggiamento:
"L'ansia del migliore mi divorava [...]. Mettevo
continuamente un quadro a confronto con un
altro, un artista a confronto con un altro artista,
in un'interminabile ricerca del meglio. Questo
era l'impulso necessario per realizzare una buo-
na collezione"[2], al netto di errori – inevitabili,

e anzi utili – nel collezionare come nel vivere.
Nella sua vicenda, il collezionismo in sé emerge
come pratica di valore culturale ed educativo
formidabile: un atteggiamento che invita all'os-
servazione attenta, al confronto come strumento per il ragionamento e per l'apprezzamen-
to, alla ricerca del massimo delle informazioni
per la conoscenza piena e autonoma, alla cura
del dettaglio e dell'armonia tra i dettagli e
nell'insieme, per non dire alla fiducia nella cultura e nell'arte come risorse capaci di dare
soddisfazione, e talvolta felicità. È un messaggio che sta molto a cuore al FAI, perché l'atteggiamento di un collezionista come Panza
insegna e può ispirare non solo apprendisti
collezionisti, ma chiunque si avvicini alla cultura e all'arte, perché il collezionismo è una
pratica arricchente – al di là del tipo di collezione o del suo valore – perché dà valore a chi lo
pratica: ne esprime la personalità, affinando
la ragione e alimentando la passione; educa
e diverte.

Un altro sguardo è il titolo di questo catalogo
e della mostra della collezione d'arte di Gemma
De Angelis Testa, che Gabriella Belli, con Marta
Spanevello, ha curato per il FAI: un'esposizione
ricca e varia, di eccezionale valore nel novero
degli artisti e delle opere, ed eccezionale per
Villa Panza. Offre tutto un altro sguardo, infatti,

rispetto a quello di Giuseppe Panza di Biumo,
ma la compresenza dei due, nella diversità,
è stata appositamente ricercata in questo progetto espositivo, che inaugura una serie di
mostre che il FAI dedicherà nei prossimi anni
ad altre collezioni private, proprio per appro-
fondire il tema del collezionismo. Senza nulla
togliere, infatti, al godimento della collezione
in sé, da questa mostra nasce spontaneo un confronto: tra due raccolte, due visioni, due ricerche, due diversi approcci alla cultura e al collezionismo, e tra due personalità e due vicende
umane che, seppur distinte, hanno ugualmente
trovato espressione e soddisfazione nel circondarsi d'arte. Un confronto che, nelle inten-
zioni del FAI, invita il pubblico a un'esperienza
attiva, che vuole aiutare a cogliere meglio l'uno
e l'altro sguardo, e ad acuire il proprio, come
fa il collezionista, per comprendere non solo
l'opera, ma quel che l'opera ha detto a chi l'ha
scelta, e che dice a noi che oggi la guardiamo.

1
Giuseppe Panza
di Biumo, *Ricordi di un
collezionista*, Jaca Book,
Milano 2006, p. 13.
2
Ivi, p. 27.

Giacomo Puccini non me ne vorrà se l'aria della sua Tosca dà il titolo al mio testo. Ne sento le parole risuonare dentro di me, come se mi fossero state cucite addosso. Il mio amore per l'arte non conosce requie; e quest'amore ha illuminato e guidato il mio percorso, come anche quello di Giuseppe Panza. La mostra *Un altro sguardo*, curata da Gabriella Belli, Marta Spanevello e me, allestita all'interno della splendida cornice di Villa Panza, mi ha permesso di ripercorrere il mio cammino da appassionata d'arte e collezionista, mettendo in luce l'approccio emotivo ed esistenziale che da sempre ha caratterizzato la mia collezione, perché l'arte è la lente attraverso cui guardo il mondo, lo vivo e cerco di comprenderlo. È il mio modo di capire la vita, e una collezione d'arte diventa per me una necessità. Una collezione che vuole anche essere racconto di nuove condizioni del pensare e del vedere. Secondo Marcel Duchamp, infatti, l'atto creativo è bipolare poiché necessita non solo dell'artista che lo mette in opera, ma anche dell'osservatore che lo interpreta e, così facendo, lo completa.

Negli anni Ottanta acquistai la mia prima opera, *The Vengeance of Achilles* di Cy Twombly, una tela del 1962. Amo quest'artista, mi affascina la poeticità delle sue scritture unite al segno. La presenza dell'immagine e della parola, combinate insieme, è stata una costante delle prime opere che ho acquisito. Salvo alcune eccezioni, ho cominciato a collezionare solo dopo la scomparsa di Armando: nella nostra casa di Torino, infatti, non c'erano muri adatti alle opere, ma ampie vetrate che permettevano allo sguardo di spaziare dalla città al giardino sottostante, ricco di acacie dai fiori profumatissimi. Inoltre, Armando preferiva che le poche pareti di casa restassero bianche. Quando si spense, nel 1992, il mio dolore fu immenso, e l'arte divenne un mondo parallelo dove rifugiarmi; ma la creatività che era germogliata lavorando accanto a mio marito, richiedeva a gran voce di esprimersi nuovamente, e per lungo tempo continuai a immaginare campagne per clienti inesistenti. La creatività ha bisogno di essere costantemente alimentata, altrimenti finisce con lo spegnersi.

Si dice che i collezionisti presentino certe caratteristiche psicologiche ben definite, un desiderio di possesso derivante da una mancanza, o altre pseudo teorie legate più allo sviluppo freudiano, ma io credo che ciò che muove un collezionista sia ben più complesso. Certo, la mancanza la capisco, la perdita di mio marito ha sicuramente lasciato un vuoto da riempire. Ma, riflettendoci, penso che il collezionare sia più legato a un desiderio di condivisione e di vicinanza, che nel mio caso ha trovato modo di esprimersi attraverso l'arte. È la mia maniera di raccontarmi e di instaurare un dialogo con gli altri. Questo mi spinse negli anni Novanta ad acquistare delle opere da dare in comodato d'uso al Castello di Rivoli, stimolata dall'idea di poter condividere la mia passione con un pubblico più allargato, iniziando ad attivare quello che a me piace definire un "mecenatismo collettivo". Si trattava di opere che portavano la firma di artisti quali Ettore Spalletti, Tony Cragg, Pier Paolo Calzolari, Jan Vercruysse, e successivamente anche di Marlene Dumas, Francesco Vezzoli e Anselm Kiefer (che all'epoca non era ancora presente in nessun museo italiano).

In seguito, trasferitami definitivamente a Milano, coinvolgendo un gruppo di noti collezionisti – tra cui Giuseppe Panza che subito aderì con entusiasmo al progetto – ho fondato l'Associazione ACACIA – Associazione Amici Arte Contemporanea Italiana, che dal 2003 si impegna nella promozione dell'arte italiana, principalmente attraverso la creazione di una collezione *in progress*, da me fortemente voluta, donata al Museo del Novecento di Milano.

Come ha detto Ludovico Pratesi, una collezione nasce nel presente ma si rivolge al futuro, è del tutto imprevedibile. La mia collezione ha preso forma nel tempo, seguendo il ritmo dell'intuito e della curiosità, senza nessun criterio stabilito a tavolino, ma lasciando ampio spazio alle emozioni. Un approccio forse più libero e meno rigoroso rispetto a quello di Giuseppe Panza, di cui ammiravo lo spirito di ricerca e la profondità di pensiero con cui strutturava la sua collezione.

Considero gli artisti dei messaggeri, le loro opere mi parlano di mondi lontani e rappresentano delle finestre aperte sull'Altro e sugli accadimenti del mondo. Così è successo con Ai Weiwei, William Kentridge e Shirin Neshat, solo per citarne alcuni. L'opera *Colored Vases* (2014), di Ai Weiwei, composta da vasi della dinastia Han (206 a.C.– 220 d.C.) ricoperti di vernice industriale, è una aperta critica alla dittatura culturale imposta dalla Cina comunista che mirava a cancellare la propria memoria storica. Gli arazzi di Kentridge, *Promised Land* (2008) e *Aegyptus Inferior (Patriarcathus Hierosolomytanus)* (2007–8), parte della serie *Porter*, in cui delle silhouettes scure si stagliano su carte geografiche della Palestina e dell'Egitto, parlano di terre lontane, di migrazione e della ricerca della propria "terra santa". La sua pratica artistica unisce la riflessione politica alla dimensione poetica ed estetica, in cui la memoria storica si fonde con una serie di riferimenti alla musica, alla letteratura e al teatro. Nell'opera di Shirin Neshat, *I Am Its Secret (From Unveiling Series)* del 1993, ritrovo l'uso del segno misto all'immagine, ma questa volta sono i versi di Forough Farrokhzad a espandersi in forme circolari sempre più grandi, come una goccia che si propaga nell'acqua, sul volto di una donna iraniana velata. Occhi penetranti che parlano di libertà, da cui si irradiano i versi della poetessa morta tragicamente a soli trentatré anni. Una libertà fatta di terra, vento e odori, da vivere attraverso il proprio corpo, nascosto sotto un velo. Neshat sfida le autorità islamiche e si fa portavoce di una denuncia politica e sociale.

Un ritratto altrettanto politico ma nettamente più provocatorio è quello che Andres Serrano fa degli Stati Uniti d'America. I suoi scatti scavano nei demoni di un paese pieno di contraddizioni. *Klanswoman (Grand Klaliff II)* fa parte della serie *The Klan* (1990), ed è l'unica donna ritratta dei membri del Ku Klux Klan che Serrano fotografa durante il suo viaggio in Georgia nel 1990. L'artista scrive che la ragazza viveva in condizioni di povertà, e che per poterla ritrarre dovette chiedere il permesso al padre, che era il suo superiore all'interno del KKK. Sono immagini potenti, la cui resa evidenzia la sospensione del giudizio da parte dell'artista, al punto tale che un suo amico paragonò le sue fotografie a dei manifesti di reclutamento per il Klan. L'opera di Serrano affonda le radici nell'estremo e nella provocazione, toccando temi scomodi e mettendo spesso a disagio lo spettatore.

L'arte scuote e allarga l'orizzonte mentale e visivo, e può farlo in modo violento. Penso alla performance del 1975 di Marina Abramović, *Lips of Thomas*, ripetuta poi nel 1997 e nel 2005, durante la quale l'artista si incide il ventre con una lametta disegnando una stella a cinque punte simbolo del comunismo, mentre beve vino e mangia miele sulle note di una canzone tradizionale russa. Il corpo si fa portavoce di una storia personale e universale intrisa di dolore e resistenza.

L'arte può essere dolorosa, e penso che le grandi opere appaiano sempre diverse, inesauribili e imprevedibili, capaci di avvolgerti nel loro mondo emozionante. Anche Giuseppe Panza riteneva che una caratteristica fondamentale dell'opera fosse quella di "scomparire come materia per trasformarsi in emozione nella mente di chi guarda".

Le mie opere, non smetto di guardarle: al mattino e alla sera faccio un giro della casa e le saluto, le osservo, e lo sguardo sembra rinnovarsi ogni volta. Intrattengo con loro un'intimità che mio marito potrebbe scherzosamente definire "da camera da letto". Era solito dire: "i quadri mi piace guardarli da vicino, in silenzio, annusarli, guardarli di profilo e di dietro, toccargli la cornice, fare tre passi allontanandomi con indifferenza e poi voltarmi di colpo per guardarli ancora. Insomma, vorrei con il quadro un'intimità da camera da letto."

Come ho detto altre volte, Armando mi ha iniziato all'arte, e ha visto la creativa in me. Mi incitava a stare dietro alla macchina da presa e non davanti, dov'ero solita posizionarmi lavorando come fotomodella. Collaborammo insieme a numerosi progetti, c'era tutto un mondo che voleva scoppiare dentro di me, e che non riuscivo a esprimere attraverso il disegno, come faceva Armando. Usavo quindi la mente: era come avere un terzo occhio e una terza mano con cui visualizzavo e manipolavo le immagini dentro di me. Mi sentivo – e mi sento – diversa dagli altri collezionisti, perché ho vissuto nel mondo della creatività, spesso senza che mi venisse riconosciuto il lavoro che facevo, e questo ha generato in me una profonda energia. Quella stessa energia la ritrovo nelle tele di Cecily Brown, dove braccia e gambe sembrano voler uscire fuori dal quadro. Una pittrice di materia e di colore, che sento affine. Avrei sempre voluto fare una scuola d'arte, ma non mi è stato possibile. Se lo avessi fatto, forse, ora sarei un'artista. Per anni ho visitato mostre d'arte e fiere, e ogni volta ero inondata di emozioni. Provavo una sensazione di libertà, e sentivo il desiderio di condividere questa felicità con un pubblico più ampio possibile. Questo pensiero mi gratificava e mi donava la consapevolezza che provavo dei sentimenti forti all'idea di donare, più che al pensiero di ricevere. Questo amore negli anni si è rafforzato sempre di più, e ancora oggi mi accompagna.

All'epoca, quando ancora non collezionavo, mi divertivo ad allestire di volta in volta nella mente la mia "collezione ideale". Il bianco era il colore dominante, le opere erano dense di racconti, di pensieri, di nuovi modi per cercare un contatto con l'animo umano; tutte insieme creavano un'atmosfera mistica e sospesa. Oltre a Cy Twombly, c'erano i tagli di Lucio Fontana, gli *Achromes* di Piero Manzoni, i monocromi bianco su bianco del minimalista Robert Ryman.

Ho sempre pensato che un'opera dovesse colpire la testa, il cuore e la pancia; la collezione diventare quindi un organismo vivo che segue l'evoluzione di chi la crea. Nel 2022, ho deciso quindi di donare un nucleo significativo di opere alla città di Venezia, città dove sono avvenuti i due incontri più importanti della mia vita: quello con Armando e quello con l'arte contemporanea.

Non nascondo che il distacco è stato doloroso, ma compensato dalla consapevolezza che altri potessero godere della medesima gioia che quelle opere mi avevano donato, e che la loro storia si sarebbe arricchita di altre voci e altri sguardi.

PREMESSA

Con la mostra dedicata alla Collezione Gemma De Angelis Testa, Villa Panza inaugura un ciclo di esposizioni, che avranno come oggetto il tema del collezionismo italiano e internazionale. L'obbiettivo della rassegna è quello di aprire gli spazi espositivi temporanei del museo a una comparazione tra i diversi modi di concepire e creare una collezione d'arte, a confronto con la magnifica raccolta di Giuseppe Panza di Biumo, protagonista assoluta dei percorsi permanenti della Villa. Il progetto – che promette interessanti riflessioni critiche – mostrerà, in questo indiscusso tempio dell'arte contemporanea, l'apertura ad altri e nuovi sguardi, ovvero ad altri modi di collezionare e, in un certo senso, oserà per la prima volta proporre una inedita conversazione con la dimensione fortemente spirituale della visione collezionistica di Giuseppe Panza, al cui cospetto esperienze diverse, ma parimenti mosse da una ricerca valoriale altrettanto coerente e autenticamente sincera, dovrebbero sostenerne proficuamente e senza timidezza il confronto.

UN ALTRO SGUARDO

Intitolando la sua autobiografia *Con l'arte… in Testa* (2021), Gemma De Angelis ha utilizzato un efficace *calembour* per raccontare il suo lungo percorso di collezionista, confessione di una passione vivissima per l'arte contemporanea, che tuttora occupa il suo tempo e le sue giornate in avvincenti avventure della fantasia e dello spirito.

Gemma porta un cognome importante, ma curiosamente la sua passione non è frutto del matrimonio con Armando Testa, sicuramente tra i più talentuosi *graphic designer* italiani del Novecento, tutt'altro. Armando, come lei stessa racconta nell'autobiografia, godeva dell'arte visitando assiduamente musei e mostre (non è un caso che il loro incontro avvenne a Venezia, nel 1970, in occasione della Biennale: "Dopo quell'incontro" – ricorda Gemma – "non mi separai più né da Armando né da quel mondo così ricco di suggestioni, messaggi e immagini che è l'arte contemporanea"), ma di collezionare per circondarsi di capolavori, non ne voleva sapere. A Torino, dove abitano per molti anni, ha attrezzato la casa con grandi vetrate, ed è la natura, che si abbraccia con lo sguardo dagli ampi finestroni, a "decorare" il loro appartamento, tutto di pareti rigorosamente bianche.

L'inizio vero e proprio della raccolta di Gemma Testa coincide con i primi anni Novanta: il 1993, ricorda con precisione Gemma. E sarà, nel proseguo dei tre decenni che ci portano a oggi, certamente amore incontrastato per l'arte contemporanea, soprattutto per i giovani talenti e per il mondo della creatività femminile; forse anche come inconfessato risarcimento per la perdita dell'amatissimo compagno, scomparso nel 1992, cui molto deve della sua vivacità culturale. Ma, soprattutto, l'amore per l'arte diviene espressione di quel suo impegno ad agire nella società civile, che – dalla fondazione di ACACIA nel 2003, alla donazione nel 2022 di un centinaio di capolavori alla Fondazione Musei Civici di Venezia destinati alla Galleria Internazionale d'Arte Moderna Ca' Pesaro – fa del suo percorso lo straordinario esempio di un mecenatismo illuminato, raro e prezioso per la nostra Nazione.

Sul finire degli anni Ottanta, Armando partecipa ai primi passi di Gemma nel mondo del collezionismo, avendo ben chiaro che in lei persiste un desiderio duraturo e permanente di bellezza, una sorta di imperativo che la spinge non solo ad ammirare l'arte ma anche a volerla possedere, per poterne godere nella quotidianità della vita. L'acquisto delle prime opere, di Cy Twombly e Gino De Dominicis, che Armando ha visto appendere sulle bianche pareti dell'appartamento torinese (peraltro opere da lui apprezzatissime), lo fanno da subito convinto che è nata una

vera collezionista e che, da quel momento in poi, la loro casa sarebbe stata abitata da nuove, insostituibili presenze. E così di fatto avvenne.

Il mondo dell'arte contemporanea è per Gemma una conquista non facile. Di poche parole, discreta, timida, all'inizio si affiderà a gallerie di chiara fama, che tracciano con lei il percorso della sua prima collezione, dove troviamo opere di autori storicizzati, da Mario Merz a Joseph Kosuth, da Pier Paolo Calzolari a Francesco Lo Savio, scelte facili se confrontate con le opere che nei decenni successivi faranno la loro comparsa nella raccolta. Ben presto infatti, Gemma non si accontenta più dei consigli e delle proposte di altri, pur autorevoli. Vuole agire in prima persona, acquistare secondo il suo desiderio ciò che le può in qualche modo essere "utile" per la vita – come sorgente di emozioni, come monito civile, come stimolo alla riflessione critica – perché di questo, col passare degli anni, Gemma ha sempre più bisogno.

Ascoltare le voci dal mondo, arricchire il proprio immaginario nel confronto con altre culture (in mostra ne sono importanti esempi le opere di William Kentridge e Goshka Macuga), solidarizzare con l'universo femminile nella lunga, ancora inevasa battaglia per la parità dei diritti (Pipilotti Rist, Shirin Neshat, Monica Bonvicini testimoni ben note), opporsi alla sopraffazione degli ultimi e la libertà di pensiero nell'agitato panorama della geopolitica internazionale (ce ne parlano, tra gli altri Ai Weiwei, Adrian Paci, Pascale Marthine Tayou, Yan Pei-Ming), sono le ragioni che sollecitano primariamente il suo interesse e la sua attenzione.

Ma c'è dell'altro. C'è anche la ricerca della bellezza e dell'armonia in una visione concettuale disincantata (Joseph Kosuth, Gianni Piacentino), del silenzio non ozioso della meditazione (Francesco Lo Savio), del miracolo della materia che si stende sulle tele facendosi disegno, forma e colore, come in Cecily Brown e Elizabeth Neel. C'è l'attrazione per la qualità della pittura e della composizione, meglio ancora se dal quadro si passa alla sperimentazione di altre tecniche, come la fotografia (Thomas Ruff, Vanessa Beecroft, Francesco Vezzoli), il video (Grazia Toderi, Bill Viola, Sabrina Mezzaqui), o la performance (Marina Abramović).

Il suo carattere, preciso e puntiglioso, non prevede approssimazione o improvvisazione nelle scelte e nell'acquisto e, dunque, ogni suo approccio a una nuova opera è preparato con cura da letture e aggiornamenti, meglio ancora se la conoscenza del lavoro le deriva direttamente dal dialogo con l'artista. In questo, il suo *modus operandi* è molto vicino all'esperienza di Giuseppe Panza, che acquistava principalmente negli studi, fatto convinto dal contatto diretto con l'artista, che visitava più volte nel corso del tempo. Anche l'aspetto mercantile è simile. Li avvicina l'indifferenza per il valore economico dell'arte, delle future rivalutazioni, dei prezzi raggiunti in asta: ciò che conta per entrambi è il mistero della creazione, la forza che si riproduce nel messaggio dell'opera, l'universalità del gesto artistico che si perpetua nel tempo, testimonianza di una spiritualità che nutre e consola, sguardo allungato sul futuro che allerta e svela. E poi, lezione duratura sulla complessità della vita che l'artista racconta, e racconta e racconta...

Collezionare è un'attività che nasce da motivazioni diverse e spesso prende vita dall'intimo dialogo che un individuo ha con sé stesso. Pur esposto alle sollecitazioni esterne delle mostre, delle gallerie, del mercato dell'arte, alla fine il collezionista decide secondo le proprie affinità elettive, seguendo sentimenti che nascono e si sedimentano nel tempo, o secondo intuizioni che emergono da passioni improvvise. Nella scelta rimane sempre una parte di mistero, che nessun critico o storico dell'arte potrà mai del tutto comprendere; è il mistero del *raccogliere* (il *con-legere* latino) che il collezionista attua scegliendo un autore tra cento, un'opera tra mille, una corrente artistica tra le tante che incontra nella sua vita.

Donando, nel dicembre 2022, 105 opere della sua collezione personale al Comune di Venezia per la Galleria Internazionale d'Arte Moderna Ca' Pesaro, Gemma De Angelis Testa ha portato a compimento un percorso che dal mondo del singolo è diventato dimensione collettiva. Con questo gesto di grande generosità (la sua è di fatto la donazione più importante ricevuta dalla città lagunare fin dai tempi del lascito De Lisi Usigli degli anni Sessanta), Gemma Testa ha esaudito il proprio desiderio di trasformare la collezione – nata come un raccogliere per sé e per il godimento di pochi – in un racconto corale, pubblico. La sua donazione è diventata parte fondamentale del percorso della Galleria, e Gemma è divenuta di diritto l'autrice di un pezzo della storia secolare di Ca' Pesaro.

Molte e significative sono le novità che il suo sguardo ha portato al Museo: *in primis* le opere donate appartengono tutte al secondo dopoguerra, periodo storico che le raccolte di Ca' Pesaro non sempre documentavano con puntualità a causa dell'interruzione di acquisti regolari dalle Biennali veneziane dal 1948 in poi. La donazione comprende le correnti dell'Astrazione Segnica e dell'Espressionismo Internazionale, con capolavori di Cy Twombly e Robert Rauschenberg tra gli altri, e permette di rappresentare anche la temperie dell'Arte Povera, così legata alla storia delle arti del nostro Paese nel secondo Novecento. Ma non è solo il completamento di un *gap* nelle collezioni degli anni Sessanta e Settanta a rendere centrale la donazione di Gemma De Angelis Testa nel presente della Galleria. Vi è anche l'apertura che essa rappresenta verso i decenni successivi e le istanze che provengono dalle diverse aree del mondo, con opere di autori della diaspora sudafricana o latori di sensibilità geograficamente lontane. Alcuni nomi fra i tanti arrivati a Ca' Pesaro danno il senso dell'eccezionalità della donazione: William Kentridge, Shirin Neshat, Marina Abramović, Anselm Kiefer, e ancora Yan Pei-Ming, Adrian Paci, Pascale Marthine Tayou, Bill Viola, Ai Weiwei, uniti a un'ampia selezione di opere di Armando Testa, ora più che mai inserito nel percorso dell'arte internazionale del Novecento. Infine, moltissime sono le donne entrate nelle collezioni della Galleria grazie alla donazione De Angelis Testa. Un dato questo che non può essere trascurato alla luce delle emergenze contemporanee e delle nuove generazioni artistiche che si stanno formando anche attraverso il confronto con quanto presente nelle raccolte museali.

Le opere che Gemma ha scelto e amato sono ora in dialogo con le collezioni di Ca' Pesaro e si aprono allo sguardo dei visitatori della Galleria, degli studiosi, dei ragazzi, dei bambini e degli adulti che attraversano ogni anno le nostre sale. Sono arrivate a Venezia come linfa salvifica, a rinnovare i dialoghi e i percorsi storici delle collezioni di arte contemporanea, portando con loro la dose di mistero che attiene al mondo privato di chi le ha scelte per prime.

Per Ca' Pesaro la donazione ha rappresentato una nuova sfida, un rimettere in gioco i percorsi espositivi al fine di istituire rinnovati dialoghi e inedite narrazioni. Per Gemma essa non ha significato solo un gesto di lungimirante mecenatismo, i cui frutti sono evidenti oggi e saranno vitali in futuro, ma anche un momento di inevitabile distacco. Vista dal suo punto di vista – quello del mistero che accompagna le scelte di una collezionista – la donazione è un momento di gioia, di celebrazione di una nuova storia collettiva, ma anche di separazione dalle opere che sono state nel tempo conservate e amate.

Ricordo ancora l'emozione – genuina e pure così intima – di Gemma al suo arrivo a Ca' Pesaro nell'aprile 2023, alla vigilia della prima esposizione di tutta la donazione. Molte riunioni erano state fatte, molti documenti firmati, molti sopralluoghi effettuati, e poi gli imballi, i trasporti, le assicurazioni… Insomma, la collezione aveva già da mesi lasciato la sua casa e i depositi in cui era conservata. Tuttavia, quel momento, la sera prima dell'inaugurazione, è stato forse il più emozionante dell'intero percorso, perché Gemma ha potuto vedere tutte le opere allestite insieme, al secondo piano della Galleria, nella loro nuova casa, nella loro nuova vita. Senza istituire paragoni stucchevoli, è stato come quando si visita la casa di un

figlio, l'abitazione in cui si è sistemato, e forse
si capisce davvero solo in quel momento, alla
fine di un lungo percorso di crescita e di distacco, che il figlio non tornerà più nei luoghi e
nella dimensione in cui è nato.

Oggi sono lieta che le opere che si sono
staccate dalla loro prima dimora tornino a dialo-
gare con le sorelle che Gemma ancora conserva.
Tutte portano con sé il segno di un amore,
di una passione del *raccogliere* che la collezionista coltiva da anni e sono sicura che possano
ristabilire immediatamente un felice dialogo
tra loro. Un dialogo che Villa Panza può non solo
ospitare ma anche arricchire con lo spirito
di generosità e di un collezionismo coraggioso
e aperto al mondo, come è stato quello di
Giuseppe e Giovanna Panza di Biumo.

Affinità doppie legano Varese e Venezia oggi:
un legame che nasce nel 2015, dalla donazione
Panza di Biumo per le collezioni civiche di Ca'
Pesaro, e arriva fino alla raccolta di Gemma De
Angelis Testa. Sono tasselli preziosissimi di
una storia veneziana scritta dai grandi collezionisti, una storia ricca di passione e di sogni
condivisi ma anche di imperscrutabile mistero.

Prendere distanza per comprendere, guardare il presente con un'attenzione che non coincide con l'immediato. L'*intempestività*, come suggerisce Giorgio Agamben riprendendo le "Considerazioni Intempestive" di Nietzsche[1], non è estraneità al proprio tempo, ma la capacità di percepirne le fratture, le zone d'ombra, ciò che resta in attesa di essere riconosciuto. La collezione di Gemma De Angelis Testa si muove su questa soglia: attraverso accostamenti non scontati, scelte radicali e registri espressivi eterogenei, costruisce una narrazione articolata e profonda delle discontinuità del suo presente e del vivere contemporaneo.

Nata forse da quella dimensione melanconica e al tempo stesso generatrice, come suggerisce lo psicanalista Pierre Fédida[2], che alimenta il desiderio di compensare un'assenza, la collezione prende forma dopo la scomparsa del marito Armando Testa, quando Gemma cerca nell'arte un mezzo per esprimere il suo sentire. Progressivamente, il processo di acquisizione evolve in un confronto diretto con artisti che, mettendo in tensione il presente, lo interrogano, lo attraversano criticamente e ne sovvertono le coordinate; al contempo, alcuni interrogativi iniziano a ricorrere come nodi che, di acquisizione in acquisizione, si ridefiniscono seguendo un ritmo che si sottrae all'urgenza di stare al passo con le tendenze del momento.

Se collezionare non è un atto neutro ma una forma di lettura critica di una precisa epoca, e per intempestivo intendiamo ciò che non coincide perfettamente con l'attuale, né si adegua alle sue pretese, è intersecando le tematiche che ricorrono nella raccolta di Gemma Testa con la cronologia della sua composizione – ovvero lo scarto tra le date in cui le opere sono state realizzate e le date in cui sono acquisite – che si coglie l'intempestività del suo collezionare.

Se il lavoro di Cecily Brown entra nella raccolta a distanza di un solo anno dalla sua esecuzione, non per inseguire le dinamiche del mercato, ma per riaffermare una tensione viva verso il tema del colore, l'ingresso nel 2019 di un'opera di Robert Rauschenberg avviene invece a distanza di decenni dalla sua realizzazione; non un ritardo, ma una scelta consapevole che riafferma un'attenzione verso il tema del linguaggio già emersa agli esordi della raccolta con l'acquisizione di Cy Twombly nel 1982. Il tempo della collezione non coincide dunque con quello del sistema dell'arte, non c'è un allineamento, una sincronia: l'opera viene trovata quando risuona un'urgenza che è prima di tutto esistenziale.

Nel progettare la mostra a Villa Panza, l'intento è stato dunque quello di rendere leggibili queste traiettorie restituendo il legame tra il vissuto e la sensibilità di Gemma Testa e le sue scelte collezionistiche: undici sono gli ambienti che sono stati delineati e ogni spazio approfondisce un nucleo tematico specifico, mettendo in relazione opere che, pur appartenendo a epoche e linguaggi differenti, condividono una tensione comune.

PROLOGO
È l'inizio di un percorso collezionistico guidato dalle logiche del sistema dell'arte e dall'idea che la raccolta sia destinata ai musei, ma in sé ha già una spinta che porterà alla configurazione attuale. L'ingresso in collezione di *Study for Vengeance of Achilles* (1962) di Cy Twombly nasce dal desiderio di possedere un riferimento indiscutibile nella storia dell'arte contemporanea, ma allo stesso tempo, introduce in collezione una riflessione sulla costruzione simbolica di una composizione formale in cui segni, gesti e materiali assumono valore narrativo. Twombly, fondendo segno e scrittura, traduce la drammaticità della vendetta di Achille in una gestualità

che assume una doppia valenza: la "V" sulla tela allude alla vendetta, ma anche alla lancia insanguinata dell'eroe. Accanto è allestita *Indian (Hoarfrost)* (1974) di Robert Rauschenberg, ad evidenziare che alcuni temi riaffiorano come corsi e ricorsi. Qui, attingendo alla cultura pop e alla comunicazione di massa, il mezzo per esprimere significato non è più la traccia gestuale, ma immagini che, tratte da fumetti, sono trasferite su tessuto, un supporto leggero e instabile – *Hoarfrost* significa brina – che ne amplifica l'effetto di sfaldamento e sospensione, suggerendo un processo di smaterializzazione visiva e dissoluzione concettuale. Anche *I giganti boscaiuoli* (1981–82) di Mario Merz, opera acquisita nel 2000, gioca sui molteplici significati di una composizione formale. I due grandi coni, forme archetipiche, evocano una dimensione primitiva che viene messa in discussione dalla presenza di un neon che, come la scrittura in Twombly o l'immagine trasferita in Rauschenberg, si fa strumento concettuale e manifestazione di vitalità.

"In ogni momento il mio campo percettivo è riempito di riflessi, di scricchiolii, di fugaci impressioni tattili che [...] pongo immediatamente nel mondo, senza mai

confonderle con le mie fantasticherie"
– Maurice Merleau-Ponty, *Fenomenologia della percezione*, 1945[3]

Tra le prime direttrici della collezione si delineano le ricerche concettuali e minimali. Le opere acquisite dagli anni Novanta, esplorano il rapporto tra forma, significato e percezione, suggerendo che quest'ultima non sia mai un atto neutro o immediato, ma un processo condizionato dal contesto, dall'esperienza individuale e dalle strutture cognitive che lo definiscono. Sono qui raccolti due lavori di Joseph Kosuth, teorico ed esponente dell'arte concettuale, che attraverso espedienti linguistici come definizione, citazione, ripetizione e negazione esplora le dinamiche dell'attribuzione di un significato. In *No Number Twice (+216, After Augustine's Confessions)* (1991) – acquisito nel 1993 –, l'artista incide un'affermazione su alluminio per interrogare la relazione tra rappresentazione visiva e descrizione, originale e copia, evidenziando come la correttezza di una definizione dipenda dal contesto e dall'intento comunicativo.

Wittgenstein's Color (1989), un'integrazione tardiva del 2005, rafforza le considerazioni sulla natura del linguaggio e del relativo processo interpretativo. A questa prospettiva si collega l'indagine di Francesco Lo Savio sulla relazione

tra forma e percezione. Nel suo lavoro, la superficie opaca assorbe e diffonde la luce in modi sempre diversi, trasformando la fruizione dello spazio circostante. Il lavoro di Gianni Piacentino radicalizza ulteriormente questa ricerca: in *Deep Ultramarine Blue Portal, V* (1966–67), l'artista riduce la forma architettonica della porta alla sua essenza più astratta in cui il colore saturo, la superficie laccata e la precisione dell'esecuzione conferiscono all'opera una qualità sospesa tra funzione e pura presenza visiva.

"I colori sono quel di cui vive il pittore: ciò significa che essi sono l'essenziale"
– Kazimir Malevič, *Suprematismo*, 1920[4]

Il colore come principio generativo ed elemento vivo che definisce lo spazio pittorico, non è dettaglio estetico, ma forza che dà forma, energia e significato a ogni opera. È in questo orizzonte che si inserisce l'interesse di Gemma Testa per "la pittura per la pittura", un *fil rouge* che attraversa la raccolta dagli anni Dieci del Duemila fino a oggi, e di cui *Handsome Stranger* (2010) di Cecily Brown è emblema. L'artista lavora sul limite tra figurazione e astrazione, la sua pennellata genera un vortice visivo in cui porzioni di corpi affiorano e si frantumano in forme liquide e sfuggenti. Il colore non si limita a descrivere, ma agisce come elemento di costruzione e cancellazione, spingendo l'osservatore in una ricerca tra riconoscibile e indefinito.

Anche Elizabeth Neel, con *Grafted* (2006), esplora questa tensione tra forma e dissoluzione, sviluppando la pittura per stratificazioni e colature. La realtà inclusa e allusa nei suoi lavori – in questo caso i tronchi d'albero – non emerge da un segno o disegno, ma dalla modulazione del colore che ne riproduce ritmo, precarietà e trasformazione. In *S-Works: Specialized No. 34* (2015) di Andreas Breunig, l'accumulo di segni e materiali – olio, grafite, carboncino – crea una superficie in continua transizione, dove il colore si sedimenta in una dinamica determinata dal processo stesso della pittura. Nell'ambiente accanto è presentato un affondo sul monocromo, con Anselm Reyle che destruttura la pittura tradizionale lavorando sulla percezione: in *Untitled* (2003), il nero denso e opaco si sovrappone a una base rossa che riemerge ai margini interrompendo la staticità della visione e trasformando l'opera in un campo visivo instabile.

Gregor Schneider, con *NASS* (1994), esplora la relazione tra presenza e assenza materica, in un processo in cui l'accumulo di materia pittorica è negato dall'assenza di figurazione che la scelta del colore bianco enfatizza. Anche la pittura di Oscar Murillo si costruisce per accumulazione e cancellazione secondo una logica di stratificazione in cui il colore diventa corpo, attraversato da segni e tensioni: in *(Untitled) Scarred Spirits* (2023), l'artista usa il rosso nella sua accezione simbolica come codice che racchiude un'energia vitale e conflittuale.

"Ella aveva la strana sensazione di essere invisibile; né vista né conosciuta"
—Virginia Woolf, *Mrs. Dalloway*, 1925[5]

Lo sguardo sulla condizione femminile segna il collezionismo di Gemma Testa, orientandolo verso scelte incisive, che sembrano concentrarsi nei primi anni Duemila per poi esaurirsi. Attraverso fotografia, video, performance e pubblicità, i lavori riuniti in questo ambiente mettono in scena la donna-diva, l'icona, la modella, esplorando il passaggio dalla sovraesposizione mediatica all'annullamento dell'identità.
In *Embroidery of a Book: Young at Any Age* (2000), Francesco Vezzoli lavora con l'iconografia pop, intrecciando tradizione e mass media. Il ricamo, gesto artigianale associato alla sfera domestica e femminile, è applicato a immagini di celebrità, in un'azione lenta e intima in contrasto con la velocità del consumo mediatico che

19

le fotografie rappresentano. Un'indagine affine percorre il lavoro di Vanessa Beecroft che, attraverso la performance, mette in scena gruppi di donne sottoposte a una rigorosa disposizione spaziale. In *VB 16.070. Ali* (1996), le modelle, uniformate nella loro postura stereotipata e nell'assenza di espressione, diventano simboli di un'estetica controllata, che al contempo le esalta e le priva di individualità. La fotografia, che fissa l'azione performativa in un'immagine statica, esaspera questa ambiguità tra presenza e perdita di sé. In dialogo con questi lavori vi è un manifesto pubblicitario di Armando Testa in cui la forza sintetica della composizione, attraverso l'allusione e il non detto, agisce sulla percezione dell'osservatore: in *Beatrix* (1965), Testa si affida al desiderio dello spettatore di svelare ciò che è nascosto e crea un'immagine che non si limita a trasmettere un messaggio, ma interroga il modo in cui percepiamo e interpretiamo la realtà.

"Ogni oppressione crea uno stato di guerra"
— Simone De Beauvoir, *Il secondo sesso*, 1949[6]

Oppressione, resistenza e negazione sono tensioni che attraversano epoche e contesti diversi. Collezionate in momenti distinti – seguendo una logica non continuativa, ma ciclica – le opere qui riunite non si limitano a documentare una tematica, ma ne mettono in luce le molteplici sfaccettature, trasformando questo spazio in un momento di riflessione. Shirin Neshat affronta il ruolo e la condizione della donna nel mondo islamico, documentando il conflitto tra libertà individuale e imposizioni sociali. *I Am Its Secret* appartiene alla serie *Unveiling* (1993) e presenta un ritratto femminile in cui il volto è segnato da una scrittura fitta e sinuosa che riporta i versi di "I Will Greet the Sun Again" (1964), della poetessa iraniana Forough Farrokhzad; qui, il corpo della donna si fa territorio di denuncia e, attraverso la potenza della parola scritta, restituisce al soggetto una voce. Accanto a questo lavoro è esposta un'opera di Andres Serrano che affronta la violenza razziale negli Stati Uniti, invitando lo spettatore a confrontarsi con il simbolo del suprematismo bianco: *Klanswoman (Grand Klaliff II)* (1990) raffigura una donna avvolta nelle vesti del Ku Klux Klan, il cui sguardo, seducente e inquietante, sovverte le aspettative dell'osservatore e lo disorienta. La presenza della figura femminile, in un'organizzazione patriarcale come il Klan, ribalta le gerarchie di potere, mettendo in discussione il nesso tra oppressione di genere e razzismo.

La tensione tra il riconoscimento del simbolo e la sua reinterpretazione visiva è reiterata nel lavoro di Marina Abramović, che trasforma il suo corpo in campo di battaglia sottoponendolo a un rituale di sofferenza. In *Lips of Thomas* (1975), l'artista incide sulla propria pelle una stella a cinque punte, simbolo del regime sovietico, alludendo alle oppressioni subite nell'infanzia tra autorità paterna e contesto politico. Il gesto, violento e rituale, trasforma il trauma in traccia visibile e la ferita in atto di ribellione. Pipilotti Rist affronta una forma di coercizione meno immediata, ma altrettanto pervasiva, quella esercitata dall'individuo su sé stesso. *Heilung (Healing)* (2004) si presenta come una cassetta di pronto soccorso contenente medicinali, e un video di un esame endoscopico alterato in cui il corpo umano si trasforma in un paesaggio astratto e inquietante. Qui Pipilotti Rist descrive una condizione di isolamento e vulnerabilità, in cui la ricerca della cura diventa necessaria per trovare un equilibrio tra corpo e mente. Con *Surrender* (2001), Bill Viola esplora invece la condizione dell'incomunicabilità.

Evocando un'umanità frammentata e incapace di superare barriere invisibili, l'artista mette in scena due figure che sembrano specchiarsi l'una nell'altra senza mai toccarsi: non c'è scambio, solo un riflesso distorto e irraggiungibile.

Nell'ambiente accanto sono allestite in contrapposizione una scultura di Monica Bonvicini e un manifesto pubblicitario di Armando Testa che esplorano il tema della sottomissione femminile da prospettive opposte. *Belt Exercise #2* (2018) rappresenta una cintura in bronzo, la cui monumentalizzazione evoca al tempo stesso costrizione e desiderio e si fa segno di potere e sottomissione. *Vota NO* (1970) si inserisce nel dibattito sul divorzio in Italia negli anni Settanta che, con un linguaggio essenziale e diretto, condensa in un'unica immagine un'intera posizione ideologica.

"Noi siamo la nostra memoria, siamo quel chimerico museo di forme incostanti, quell'ammasso di specchi rotti"
– Jorge Luis Borges, *Elogio dell'ombra*, 1969[7]

In questo ambiente, oggetti comuni estrapolati dal loro contesto originario aprono a nuove letture e si caricano di significati altri. In *Colorful Stones* (2018), Pascale Marthine Tayou lavora con i sampietrini, storicamente segno di resistenza e opposizione al potere. Spostandoli dallo spazio del conflitto a quello della contemplazione e coprendoli di colori brillanti, l'artista ne sovverte la funzione, trasformandoli in scultura:

ciò che era nato per essere scagliato diventa un elemento estetico, un simbolo che non perde la sua memoria, ma la rielabora. Il cuore della ricerca di Tayou è nelle sue radici africane, che si manifestano attraverso colore, forme e composizioni che evocano oggetti e racconti del Camerun, sua terra d'origine. In dialogo con *Colorful Stones*, è allestita un'opera scultorea di Armando Testa che gioca sull'ambiguità di forma e significato. *Senza titolo (Segno)* (1990) è una croce essenziale ed enigmatica, che sembra chinarsi in raccoglimento o piegarsi su sé stessa. Qui la linea si fa struttura, il gesto minimo diventa forma archetipica che, pur nella sua semplicità, apre a significati molteplici.

"Il cielo e la terra agendo in armonia perfetta emetteranno rugiada zuccherosa (il più favorevole dei segni)"
– Lao Tzu, *Tao Te Ching*, IV–III sec. a.C.[8]

Come pratica meditativa, in contrasto con il ritmo frenetico della contemporaneità, Gemma Testa acquisisce nei primi anni Duemila alcuni lavori di Sabrina Mezzaqui. La collezionista ha sempre sostenuto la scena artistica italiana e soprattutto i giovani protagonisti con l'intento di valorizzare una produzione che, pur non sempre sotto i riflettori internazionali, merita a suo avviso di essere riconosciuta. La natura e il suo lento trasformarsi nel tempo sono al centro della ricerca dell'artista: attraverso gesti ripetuti e dettagli minimi, Mezzaqui invita a una contemplazione dilatata del mondo. In *Carezze* (2001), una video installazione immersiva, il paesaggio muta gradualmente, scandendo il passare delle ore: le nuvole si spostano lentamente, la luce cambia e movimenti quasi impercettibili costringono lo sguardo a rallentare e cogliere la continuità delle trasformazioni naturali. Nello stesso ambiente è allestito *Case gialle* (2002), dove l'attenzione si concentra sul volo delle rondini che si rincorrono da un cornicione all'altro. La loro immagine si dispiega in una grande proiezione, il cui effetto visivo avvolgente – per volontà dell'artista, gli uccelli appaiono a grandezza naturale – amplifica la percezione del movimento. L'artista evita tecnologie sofisticate, preferendo strumenti semplici che esaltano il valore del processo più che l'estetica dell'immagine. Il fare diventa un atto introspettivo, l'opera si fa esperienza, un invito a sospendere il ritmo quotidiano per abitare uno spazio di contemplazione.

"[...] viaggiare a lungo; è una frattura continua di tutte le abitudini, una smentita inflitta incessantemente a tutti i pregiudizi"
– Marguerite Yourcenar, *Memorie di Adriano*, 1951[9]

Il lavoro di Adrian Paci è attraversato dal tema della migrazione. Nato a Scutari, in Albania, nel 1969, lascia il suo paese negli anni Novanta per trasferirsi in Italia. Questa esperienza, che l'artista vive come una separazione imposta, accompagnata dalla nostalgia per ciò che è rimasto altrove, segna la sua ricerca artistica. Attraverso video e fotografia, esplora il legame tra identità e luogo, tra ciò che si abbandona e ciò che si trattiene, interrogando il senso dell'appartenenza e la fragilità delle radici. In *Turn On* (2004), un gruppo di uomini disoccupati siede in fila, ciascuno con una lampada in mano. La scena, si svolge nella città natale di Paci, segnata da una profonda crisi economica. La luce fragile che li illumina è collegata a un generatore, una fonte instabile, che trasforma i corpi immobili in una metafora di precarietà. Questo senso di incertezza attraversa anche *Believe Me I Am An Artist* (2000), donata al Museo del Novecento di Milano da ACACIA, associazione fondata da Gemma Testa nel 2003 per sostenere l'arte italiana nei musei.

23

Qui, Paci sposta la riflessione su di sé e sul ruolo dell'artista e descrive un fatto realmente accaduto: durante un viaggio di ritorno dall'Albania, viene fermato alla frontiera italiana con fotografie del suo lavoro ritenute ambigue e alla richiesta di spiegazioni risponde "Credetemi, sono un artista". Il migrante, come l'artista, è costretto a negoziare il proprio riconoscimento in un sistema che lo osserva con distanza. *Apparizione* (2000), affronta il tema della memoria intesa come legame tra luoghi e generazioni. L'opera si compone di due schermi, uno di fronte all'altro, che mettono in scena un dialogo sospeso tra una bambina in Italia e la sua famiglia rimasta in Albania; a fare da ponte tra i due mondi è una filastrocca della tradizione.

"Cerco un paese innocente"
– Giuseppe Ungaretti, *Girovago*, 1914[10]

Attraverso le opere di grandi maestri, Gemma Testa a lungo si è interrogata sui fenomeni migratori, volontari o forzati, sulle ragioni della dispersione di un popolo, sulle persecuzioni che generano nell'uomo il desiderio di giungere in un luogo libero da condizionamenti. Le opere qui esposte sono esito di stratificazioni, trasformazioni e memorie. Nei due lavori di William

Kentridge, *Promised Land* (2008) e *Aegyptus Inferior (Patriarcathus Hierosolomytanus)* (2007–8), un cavallo si sovrappone a una mappa di viaggio. L'arazzo, per la sua origine artigianale, il radicamento nella tradizione e la maneggevolezza, rafforza il tema del nomadismo. Il titolo, rimanda al concetto di terra promessa, che attraversa epoche e culture, senza fornire risposte: il paese cercato esiste o è solo un'idea irraggiungibile?

Questa stessa idea di ricerca e di ciclica mobilità tra luoghi e tempi attraversa anche l'opera di Goshka Macuga. In *Aby Warburg on Madness and Ritual* (2014), l'artista riflette sulle indagini dello storico dell'arte Aby Warburg che modificò l'approccio allo studio delle immagini evidenziando come i simboli e le espressioni del passato continuino a riemergere in nuove forme. Anche Yan Pei-Ming e Ai Weiwei affrontano la relazione tra conservazione e cancellazione. Durante la Rivoluzione Culturale cinese, la distruzione delle immagini religiose aveva privato intere generazioni di un rapporto visivo con la propria eredità culturale. Yan Pei-Ming con *Buddha* (2000), attraverso pennellate rapide e materiche che ne dissolvono i contorni, non descrive un'icona fissa, ma un'immagine costruita sulla tensione tra memoria e perdita in un tentativo di riappropriazione di ciò che è stato negato. Il gesto di Ai Weiwei in *Colored Vases* (2014) si muove nella stessa direzione: antichi manufatti cinesi vengono ricoperti di vernice industriale, sovrapponendo il presente al passato. La superficie opaca vela i dettagli originali, ma al tempo stesso li riporta nel presente sotto nuova forma. Il suo intervento riflette sulla tensione tra tradizione e modernità, tra la volontà di preservare la storia e l'imposizione di riscriverla.

"Di fronte a questi infiniti tutti i finiti sono uguali"
— Blaise Pascal, *Pensieri*, 1670[11]

La relazione tra immagine e infinito, tra nitidezza formale e indeterminatezza, è al centro delle opere di Grazia Toderi e Thomas Ruff che, pur adottando mezzi e prospettive differenti, trasformano l'esperienza visiva in una dimensione sospesa tra realtà e astrazione. Toderi sviluppa un linguaggio che si concentra sulla videoarte. Attraverso mezzi semplici e oggetti del quotidiano, le sue immagini evocano paesaggi cosmici e atmosfere evanescenti che trasformano la visione di prospettive aeree in esperienze meditative. Questo interesse per la rappresentazione dell'infinito trova un punto di dialogo con la ricerca di Ruff, che nella serie *Sterne*

(Star) (1992) utilizza negativi provenienti da un osservatorio spaziale per trasformarli in immagini monumentali del cielo stellato. Tuttavia, queste immagini contengono un paradosso: ciò che viene documentato non esiste più, poiché le stelle riprese sono già morte. L'artista trasforma così la fotografia, considerata un mezzo di registrazione della realtà, in una riflessione sulla memoria e sull'assenza, sulla tensione tra il desiderio di fissare il tempo e la sua inevitabile dissoluzione. Nella serie *Jpeg* (2006), Ruff approfondisce la ricerca sulla natura delle immagini digitali, scaricando fotografie a bassa risoluzione da Internet e ingrandendole fino a rendere i pixel il soggetto dell'opera: l'attenzione si sposta da ciò che è rappresentato al mezzo tecnologico che lo restituisce, evidenziando il modo in cui la realtà viene percepita e diffusa nell'era digitale.

"Tutto ha l'aria di esistere, e non c'è niente che esista"
— Emil M. Cioran, *Il funesto demiurgo*, 1969[12]

Peter Fischli & David Weiss giocano sul confine tra significativo e insignificante, tra ciò che è degno di attenzione e ciò che apparentemente non lo è. Attivi dagli anni Settanta, utilizzando il ready-made e il video sviluppano un linguaggio che legge il quotidiano con ironia, elevando il gesto più ordinario a occasione di riflessione sul comportamento e sulla sua percezione. In *Hunde* (2003), il soggetto dell'opera – cani che abbaiano rinchiusi in un recinto – è diretto e privo di costruzioni narrative. L'immagine è essenziale, quasi disarmante nella sua immediatezza, ma proprio questa semplicità costringe lo spettatore a soffermarsi sulla ripetitività del comportamento osservato. Il suono diventa un elemento centrale e l'abbaiare è un segnale di presenza, un tentativo di comunicazione che si scontra con una barriera fisica. Il video oscilla tra fastidio e ironia, trasformando il ritmo ossessivo di questo gesto in un paradosso tra frustrazione e gioco.

1
Giorgio Agamben, *Che cos'è il contemporaneo?*, Nottetempo, Roma 2008.
2
Pierre Fédida, *L'Absence*, Éditions Gallimard, Parigi 1978.
3
Maurice Merleau-Ponty, *Fenomenologia della percezione* (1945), trad. Andrea Bonomi, Bompiani, Bologna 2003, p. 19.
4
Kazimir Malevič, *Suprematismo* (1920), a cura di Gabriella Di Milia, Abscondita, Milano 2000, p. 48.
5
Virginia Woolf, *Mrs. Dalloway* (1925), Newton Compton Editori, Roma 2023, p. 25.
6
Simone de Beauvoir, *Il secondo sesso* (1949), trad. Roberto Cantini e Mario Andreose, Il Saggiatore, Milano 2016, p. 688.
7
Jorge Luis Borges, *Elogio dell'ombra* (1969), a cura di Tommaso Scarano, Adelphi Edizioni, Milano 2017, p. 29.
8
Lao Tzu, *Tao Te Ching* (IV-III sec. a.C.), in Tao Te Ching, *I padri del taoismo*, Luni Editrice, Milano 1994, p. 84.
9
Marguerite Yourcenar, *Memorie di Adriano* (1951), Einaudi, Torino 2014, p. 115.
10
Giuseppe Ungaretti, "Girovago" (1914), in *L'Allegria*, a cura di Cristiana Maggi Romano, Fondazione Arnoldo e Alberto Mondadori, Milano 1982, p. 28.
11
Blaise Pascal, *Pensieri* (1670), a cura di Carlo Carena, Einaudi, Torino 2004, p. 169.
12
Emil M. Cioran, *Il funesto demiurgo* (1969), trad. Diana Grange Fiori, Adelphi Edizioni, Milano 1986, p. 56.

A DIFFERENT GAZE ON COLLECTING
DANIELA BRUNO

"A collection is also the personal story of the individual who creates it, a little at a time [. . .]. It is also the projection of the collector's own personality in the artists and works selected [. . .]. I still collect and choose artists. Always in accordance with my thoughts."
— Giuseppe Panza di Biumo, *Ricordi di un collezionista*, 2006[1]

A different gaze is what, from the 1950s and for the next fifty years, guided Giuseppe Panza di Biumo in putting together an extraordinary collection of works by artists who were at the time unknown, difficult, foreign, and far removed from Italian taste and the art market. A different gaze sparked by fascination with a different world — by his "discovery" of America — but also, and more importantly, by a highly original personality. He was an upper-class maverick, a free and sophisticated highbrow, a passionate and insatiable connoisseur, engaged in a constant, almost ascetic, search for himself, for the meaning of things and, above all, for a harmony between them. A different gaze which found satisfaction and full expression in art collecting, not only in the selection of the artists, but also in the staging of the works within the theatre of his home: Villa Panza, which is *his* great work and indubitably a vivid testimony to his history. A different gaze on collecting, therefore: original, because fueled not only by knowledge and passion, but also by an uncommon aesthetic sensitivity towards the environs in which the art is placed and displayed. The harmony of such a setting must spring from the concert between architecture and nature, furnishings and decor, which cannot admit false notes but at most only the most reasoned dissonances.

The gaze of Giuseppe Panza di Biumo, his being a collector, is one of the most original and significant contents that Villa Panza illustrates and recounts. Not a museum, but the house of a collector, the value of which does not reside only in the works, but precisely in the creation of a particular ambience that reflects his personality and his method. A collector of original choices and an exemplary approach: "I was consumed by the anxiety for the best [. . .]. I was constantly comparing one painting with another, one artist with another, in an endless quest for the best. This was the impulse necessary to create a good collection,"[2] net of errors — which are inevitable, or rather useful, in collecting as in life. In his story, collecting per se emerges as a practice of a formidable cultural and educational value: an attitude that invites careful observation, comparison as a tool for reasoning and appreciation, the quest for the most information possible to acquire full and autonomous knowledge, attention to detail and to the harmony between the details and the whole, not to mention trust in culture and art as resources capable of giving satisfaction, and sometimes happiness. This is a message of particular importance to the FAI (Fondo Ambiente Italiano), because the approach of a collector such as Panza is a lesson and can inspire not only apprentice collectors, but anyone approaching culture and art. This is because collecting is a practice that enriches – over and above the type or importance of the collection – because it gives value to those engaged in it: it expresses the personality, refines reason, and fuels passion. It is educational and fun.

The title of this catalogue, and of the exhibition of the art collection of Gemma De Angelis Testa, which Gabriella Belli and Marta Spanevello have curated for the FAI, is *A different gaze*. This is a rich and varied show, of outstanding value in terms of the selection of artists and works, and quite exceptional for Villa Panza.

It does indeed offer a completely different gaze from that of Giuseppe Panza di Biumo, and the simultaneous presence of the two, in their diversity, has been deliberately sought in the design of this exhibition, which inaugurates a series of shows that the FAI will devote over the coming years to further exploration of the subject of collecting. Indeed, without detracting in any way from the enjoyment of the collection in itself, this exhibition sparks spontaneous comparisons. First, between two collections, two visions, two paths of research, and two different approaches to culture and collecting. Second, between two personalities and two human adventures which, although different, have similarly found expression and satisfaction in surrounding themselves with art. The intention of the FAI is that this comparison should invite the public to an active experience, conceived to help us better grasp both one and the other gaze, and to sharpen our own gaze, as the collector does, to understand not only the work, but what the work said to the person who chose it, and what it says to us who look at it today.

1
Giuseppe Panza di Biumo, *Ricordi di un collezionista*, (Milan: Jaca Book, 2006), 13. [For the original quote see p. 4].

2
Ibid., 27. [For the original quote see p. 4].

"VISSI D'ARTE, VISSI D'AMORE"
GEMMA DE ANGELIS TESTA

I hope Giacomo Puccini won't hold it against me that I borrowed the words from the aria of his *Tosca* for the title of this text, "*Vissi d'arte, vissi d'amore*" [I lived for art, I lived for love]. I hear these words echoing within me as if they were written especially for me. My love for art knows no respite, and this love has illuminated and guided my path just as it did that of Giuseppe Panza. The exhibition *A different gaze*, curated by Gabriella Belli, Marta Spanevello, and myself, and hosted in the splendid setting of Villa Panza, has allowed me to retrace the course of my life as an art lover and collector, highlighting the emotional and existential approach that has always characterized my collection. This is because art is the lens through which I look at the world, experience it, and strive to compre-hend it. It is my way of understanding life, and therefore an art collection becomes a necessity for me, a collection that is also intended as an account of new conditions of thinking and seeing. Indeed, according to Marcel Duchamp, the creative act is twofold since it requires not only an artist to execute it but also an observer to interpret it and, in this way, complete it. I bought my first work in the 1980s: *The Vengeance of Achilles* by Cy Twombly, a work on canvas from 1962. I love this artist, and I am fascinated by the poetry of his scripts combined with the sign. The presence of image and words together was a constant in the first works that I purchased. With just a few exceptions, I began collecting only after the death of Armando. In our house in Turin, instead of walls, there were large picture windows that allowed the gaze to range over the city to the garden below, full of acacia trees with the most fragrant flowers. Also, Armando preferred that the few walls there were in the house should remain white. When he passed away in 1992, my grief was immense, and art became a parallel world in which I could take refuge. But the creativity that had germinated while working alongside my husband was crying out to express itself again, and for a long time I continued to imagine campaigns for non-existent clients. Creativity has to be fed con-stantly, otherwise it will die out.

It's said that collectors have certain very specific psychological characteristics – a desire for possession deriving from some want, or other pseudo-theories more linked to Freudian development – but I believe that what drives the collector is something much more complex.

Obviously, I understand the want aspect; the loss of my husband definitely left a gap to be filled. However, reflecting on this, I think it is rather more linked to a desire for sharing and closeness, which in my case found its expression through art. This is my way of telling my story and opening up a dialogue with others. In the 1990s, it was this that led me to purchase works to give on loan to the Castello di Rivoli; stimulated by the idea of being able to share my passion with a broader public, I began to set in motion what I like to define as a "collective patronage." The works involved were by artists such as Ettore Spalletti, Tony Cragg, Pier Paolo Calzolari, and Jan Vercruysse, followed later by Marlene Dumas, Francesco Vezzoli, and Anselm Kiefer, who at the time were not yet present in any Italian museum.

After I moved permanently to Milan, I began to involve a group of famous collectors – including Giuseppe Panza, who immediately participated in the project with the greatest enthusiasm – and founded ACACIA – Associazione Amici Arte Contemporanea Italiana. Since 2003, this association has been engaged in the promotion of Italian art, principally through the creation of what was a special dream of mine: an "in progress" collection donated to the Museo del Novecento in Milan. As Ludovico Pratesi said,

a collection is born in the present but is addressed to the future, and is entirely unpredictable. My collection has taken shape over time following the rhythm of intuition and curiosity, without any pre-established criterion but leaving free range to the emotions. This approach is perhaps freer and less rigorous than that of Giuseppe Panza, although I have always admired the spirit of research and the profound thought that went into the structuring of his collection.

I see artists as messengers, and their works speak to me of distant worlds, windows open upon the Other and on what is going on in the world. This is what happened with Ai Weiwei, William Kentridge, and Shirin Neshat, to name but a few. The work *Colored Vases* (2014), consisting of vases from the Han dynasty (206 BC– 220 AD) covered in industrial paint, is an open criticism of the cultural dictatorship imposed by communist China, which aimed at erasing its own historic memory. The tapestries of Kentridge, *Promised Land* (2008) and *Aegyptus Inferior (Patriarcathus Hierosolomytanus)* (2007–8) – belonging to the *Porter* series, in which dark silhouettes stand out against geographical maps of Palestine and Egypt – speak of distant lands, of migration, and the search for one's own "holy land." His artistic practice combines political reflection with the poetic and aesthetic dimension, in which historic memory is fused with a sequence of references to music, literature, and theatre. In the work of Shirin Neshat, *I Am Its Secret (From Unveiling Series)* (1993), once again I find sign mingled with image, but in this case consisting of lines of poetry by Forough Farrokhzad expanding in ever-larger circles on the face of a veiled Iranian woman, like a drop rippling outward in the water. A penetrating gaze, irradiating from which are lines speaking of liberty written by the poetess who died tragically at the age of just thirty-three. A liberty made up of land, wind, and smells, to be lived through one's own body, hidden beneath a veil. Neshat challenges the Islamic authorities and becomes the mouthpiece of political and social denouncement.

An equally political portrait, but perhaps more blatantly provocative, is the one that Andres Serrano makes of the United States. His photographs exhume the demons of a country full of contradictions. *Klanswoman (Grand Klaliff II)* is part of the series *The Klan* (1990), and portrays the only woman photographed by Serrano during his journey through Georgia in 1990. The artist writes that she lived in poverty, and to have her picture taken she first had to ask her father because he was her superior within the KKK. These are powerful images, in which the photographic rendering highlights the artist's suspension of judgment, so much so that one of his friends compared his shots to posters for recruitment to the Klan. Serrano's work is radically extreme and provocative, touching on problematic issues and often making the observer uncomfortable.

Art shocks, and expands our mental and visual horizons, and it can do so in a violent way. I am thinking of Marina Abramović's performance of 1975, *Lips of Thomas*, which was then repeated in 1997 and 2005, during which the artist used a razor blade to carve on her stomach a five-pointed star – the symbol of communism – while she drank wine and ate honey to the notes of a traditional Russian song. The body becomes the mouthpiece of a story both personal and universal, imbued with pain and resistance. Art can be painful, and I believe that great works always appear differently; they are inexhaustible and unpredictable, enveloping you in their moving world. Giuseppe Panza believed that a fundamental characteristic of the artwork is "to disappear as matter and be transformed into emotion in the mind of the observer."

I never stop looking at my works: in the morning and in the evening, I walk round the house and I greet them, I observe them, and every time that gaze seems to be renewed. I have an intimacy with them that my husband might jokingly call a bedroom intimacy. He used to say: "I like to look at pictures from close up, in silence, to smell them, look at them in profile and from behind, touch their frames, move away three steps with indifference and then turn round swiftly to look at them again. In a word, I want to have a bedroom intimacy with the picture."

As I have already said other times, Armando initiated me into art and saw the creative in me. He spurred me to stay behind the camera rather than in front of it, which is where I usually was, being a model. We collaborated on numerous projects; there was a whole world inside me waiting to burst forth and that, unlike Armando, I couldn't express through drawing. And so, I used my mind; it was like having a third eye and a third hand with which I visualized and manipulated the images inside me. I felt, and I still feel, different from other collectors because I have lived in the world of creativity, but often the work I did was not recognized, and this generated a deep energy inside me. I find that same energy in the canvases of Cecily Brown, where arms and legs appear to want to escape from the picture. She is a painter of matter and color whom I feel akin to. I always wanted to go to art school, but it was impossible for me. If I had done so, perhaps now I would be an artist. For years I visited art exhibitions and fairs, and every time I was flooded with emotion. I felt a sensation of freedom, and I felt the desire to share this happiness with as wide a public as possible. This thought gratified me, and I realized that I felt more strongly about giving than receiving. This love has grown ever stronger over the years, and I still have it today. At the time, before I started collecting, I would amuse myself by setting up my ideal collection in my head. White was the dominant color; the works were crammed with stories, thoughts, new ways of seeking contact with the human soul. All together they created a mystical and suspended atmosphere. As well as Cy Twombly, there were Lucio Fontana's "slashes," Piero Manzoni's, *Achromes*, and the white-on-white monochromes of the minimalist Robert Ryman. I've always felt that a work should strike the head, the heart, and the stomach; as a result, the collection becomes a living organism that follows the evolution of its creator. Consequently, in 2022 I decided to donate a large number of works to the city of Venice, the city where the two most important encounters of my life took place: that with Armando and that with contemporary art. I can't deny that it was painful to part with them, but that was offset by the awareness that others could share in the same joy that those works had given me, and that their stories would be enriched by other voices and other gazes.

THE COLLECTION OF GEMMA DE ANGELIS TESTA
GABRIELLA BELLI

FOREWORD

With the show devoted to the Gemma De Angelis Testa collection, Villa Panza inaugurates a cycle of exhibitions on the subject of Italian and international collecting. The aim of this initiative is to open up the temporary display premises of the museum to a comparison between different ways of conceiving and creating an art collection, set off against the magnificent collection of Giuseppe Panza di Biumo, the absolute protagonist of the permanent itineraries of the Villa. Here, in what is indisputably a temple of contemporary art, the project will showcase an opening towards new and different approaches, namely different ways of collecting. It will also in a certain sense dare, for the first time, to propose an unprecedented colloquy with the marked spirituality of the collecting vision of Giuseppe Panza, with which experiences of a different kind – albeit driven by an equally coherent and authentically sincere search for value – ought to profitably and confidently bear comparison.

A DIFFERENT GAZE

By titling her autobiography *Con l'arte… in Testa* (2021), Gemma De Angelis used a very effective pun to describe her long career as a collector: a confession of the liveliest passion for contemporary art that continues to occupy her time and her days in enthralling adventures of imagination and spirit.

Gemma has an important surname, but curiously enough her passion did not arise from her marriage to Armando Testa, undoubtedly one of the most talented Italian graphic designers of the twentieth century. Far from it. As she herself relates in her autobiography, Armando was a great art lover and assiduously frequented shows and museums, and it was no coincidence that they met in Venice in 1970 during the Biennale. "After that meeting," she recalls, "I was never again separated from Armando or from that world so brimming with inspiration, messages, and images that is contemporary art." However, Armando just didn't want to know about collecting and surrounding himself with masterpieces. In Turin, where they lived for many years, he fitted the house with large picture windows, and it was nature that they embraced with their gaze from these big windows that "decorated" their flat, all of the walls of which were strictly white.

The real beginning of Gemma Testa's collection coincided with the early 1990s – 1993 to be exact, as she recalls – and over the following three decades that bring us up to today it was certainly an undisputed passion for contemporary art, especially for young talents and for the world of female creativity. It may possibly also have been an unconfessed compensation for the loss of her beloved companion, who died in 1992, and to whom she owed much of her cultural vivacity. Chiefly, however, it was the expression of her commitment to action in civil society which, from the foundation of ACACIA in 2003 up to the donation in 2022 of around a hundred masterpieces to the Fondazione dei Musei Civici of Venice, destined to the Galleria Internazionale d'Arte Moderna Ca' Pesaro, makes her career an extraordinary example of enlightened patronage, most rare and precious for our nation.

Towards the end of the 1980s, Armando was party to Gemma's first steps in the world of collecting, and he was fully aware of the persistence of her enduring and permanent desire for beauty. This was a species of imperative that drove her not only to admire art but also to want to possess it, so that she could enjoy it in the course of her daily life. After the purchase of the first works, by Cy Twombly and Gino De Dominicis – works which Armando greatly appreciated – he saw them being hung on the white walls of the apartment in Turin and was immediately convinced that a true collector had come into being and that, from that moment on, their house would be inhabited by new, irreplaceable presences. And that's exactly what happened.

For Gemma, the world of contemporary art was not easy to conquer. She was discreet and timid and not talkative, and at the beginning she entrusted herself to famous galleries, who accompanied her along the pathway of her first collection. This included works by historic names such as Mario Merz, Joseph Kosuth, Pier Paolo Calzolari, and Francesco Lo Savio: simple choices compared with the works that were to make their appearance in the collection in the following decades. Indeed, very soon Gemma became dissatisfied with the advice and recommendations of others, however authoritative. She wanted to act on her own, to follow her own wishes in buying what could in some way be "useful" to her in her life, as a source of emotion, as civil admonition, as a stimulus to critical reflection, because, with the passage of time, Gemma had increasingly more need of all this.

There are several chief reasons soliciting Gemma's interest and attention. Listening to the voices from the world, enriching one's imagination in relation to other cultures: important examples of this in the collection are works ranging from artists such as William Kentridge to Goshka Macuga. Expressing solidarity with the world of women in the long and still unresolved battle for equal rights, with eloquent witness in the works of Pipilotti Rist, Shirin Neshat, and Monica Bonvicini, and against the oppression of "the last," championing freedom of thought in the complex world of international geopolitics, addressed in the works of Ai Weiwei, Adrian Paci, Pascale Marthine Tayou, and Yan Pei-Ming, among others.

But that's not all: there is also the quest for beauty and harmony in a disenchanted conceptual vision (Joseph Kosuth and Gianni Piacentino), for the meaningful silence of meditation (Francesco Lo Savio), for the miracle of matter that spreads over the canvas design and form/color, as in Cecily Brown and Elizabeth Neel. There is the attraction for the quality of the painting and the composition, further enhanced when painting is left behind for the experimentation of other techniques such as photography (Thomas Ruff, Vanessa Beecroft, and Francesco Vezzoli), video (Grazia Toderi, Bill Viola and Sabrina Mezzaqui), and performance (Marina Abramović).

Gemma's precise and meticulous character permits no approximation or improvisation in her choices and acquisitions. Consequently, every approach to a new work is carefully prepared through reading and research, and preferably when knowledge of the work derives directly from dialogue with the artist. In this sense, her approach is very similar to that of Giuseppe Panza, who made most of his acquisitions in the studios, allowing himself to be convinced by direct contact with the artist, whom he visited regularly over the course of time. Even the mercantile aspect is similar, since they share an indifference towards the economic value of art, future revaluations, and auction prices. What is important for both of them is the mystery of the creation, the force that is reproduced in the message of the work, the universality of the artistic gesture that is perpetuated over time, evidence of a nourishing and consoling spirituality, a gaze stretching into the future that alerts and reveals. And further, an enduring lesson about the complexity of life that the artist conveys, conveys, and continues to convey . . .

COLLECT, LOVE (AND THEN LET GO)
ELISABETTA BARISONI

Collecting is an activity that springs from different motivations and often takes shape from the intimate dialogue that individuals have with themselves. Despite being exposed to the external influences of exhibitions, galleries, and the art market, in the end all collectors decide according to their own elective affinities, following sentiments that emerge and settle over time or intuitions arising from sudden passions. In the choice there always remains an element of mystery, which no critic or art historian can ever entirely comprehend: it is the mystery of *collecting* (from Latin *collectus*, past participle of *colligere* "gather together," from *com* "together" and *legere* "to gather"), which the collector does by choosing one artist out of a hundred, one work out of a thousand, one artistic current among the many encountered over a lifetime.

When, in December 2022, Gemma De Angelis Testa donated 105 works from her personal collection to the city of Venice for the Galleria Internazionale d'Arte Moderna Ca' Pesaro, she put the finishing touch to a process stretching from the realm of the individual to the collective dimension. It is in fact the most important donation received by the city since the time of the De Lisi Usigli bequest in the 1960s. In this way, Gemma Testa has realized her desire to transform the collection – gathered together for herself and for the enjoyment of just a few others – into a choral and public story. Her donation has become a pivotal part of the gallery's itinerary and Gemma has assumed her rightful role as part of the centuries-long history of Ca' Pesaro.

Her gaze has brought to the museum many significant novelties. In the first place, all the works donated date to the period after the Second World War, a historic period that the Ca' Pesaro collections did not always document in a timely manner due to the interruption of regular acquisitions from Venice's biennials from 1948 on. The donation comprises the currents of Segnic Abstraction and International Expressionism, with masterpieces by Cy Twombly and Robert Rauschenberg, among others. It also makes it possible to represent the period of Arte Povera, so integral to the history of the arts in Italy in the second half of the twentieth century. However, it is not only the filling of a gap in the collections of the 1960s and 1970s that makes the donation of Gemma De Angelis Testa so pivotal to the present of the gallery.

There is also the opening that it represents towards the following decades and the instances originating from different areas of the globe, with works by artists of the South African diaspora or carriers of geographically distant sensitivities. Several names among the many that have arrived in Ca' Pesaro give an idea of the exceptional nature of the donation: William Kentridge, Shirin Neshat, Marina Abramović, Anselm Kiefer, as well as Yan Pei-Ming, Adrian Paci, Pascale Marthine Tayou, Bill Viola, and Ai Weiwei, in addition to a wide selection of works by Armando Testa, now as never before firmly established within the itinerary of international twentieth-century art. Finally, numerous women artists have entered the collections of the gallery thanks to the De Angelis Testa donation. This is an aspect that cannot be overlooked in the light of contemporary contingencies and the new artistic generations that are being formed, also through comparison with what is present in the museum collections.

The works that Gemma has chosen and loved are now in conversation with the Ca' Pesaro collections, opening up to the gaze of visitors to the gallery, the scholars, young people, children, and adults that pass through our rooms every year. They have arrived in Venice like healing balm to reinvigorate the dialogues and the historic itineraries of the contemporary art collections, bringing with them that element of mystery that belongs to the private world of the person who first chose them.

For Ca' Pesaro the donation has represented a new challenge, a reshuffling of the display itineraries with a view to sparking new conversations and original narratives. For Gemma, this did not signify simply a gesture of far-sighted patronage, the results of which are evident today and will be vital in the future, but also inevitably a parting. Seen from her point of view, from the perspective of the mystery that accompanies the choices of a collector, the donation is a moment of joy, the celebration of a new collecting history, but also of separation from the works that have been treasured and loved over the years.

I still recall Gemma's emotion – genuine albeit so intimate – when she arrived at Ca' Pesaro in April 2023 the day before the first exhibition of the entire donation. There had been many meetings, numerous papers had been signed, and many visits and inspections carried out, and then the packaging, the transport, the insurance, and so on . . . In a word, the collection had already left its home and the depositories where it was stored months before. But despite this, the moment at which Gemma arrived at

Ca' Pesaro on the evening before the opening was perhaps the most emotional of the entire process, because she saw all the works displayed together in their new home, in their new life, on the second floor of the gallery. Without wishing to make mawkish comparisons, it was rather like when you visit the new home of a son or daughter, the place where they have gone to live, and perhaps it is only at that very moment, at the end of a long process of growing and detachment, that you realize that they will not be coming back to the places and the context into which they were born.

Today, I am delighted that the works that have been distanced from their first home can return to converse with their sister works that Gemma still has. They all bring with them the sign of a love, of a passion for collecting that she has cultivated for years, and I am certain that they can immediately resume a happy conversation with each other. A dialogue that Villa Panza can not only host, but also enhance with the spirit of generosity and a collecting both courageous and open to the world, such as that of Giuseppe and Giovanna Panza di Biumo.

Dual affinities link Varese and Venice today: a bond that was forged in 2015 by the Panza di Biumo donation to the civic collections of Ca' Pesaro, and stretches on to the collection of Gemma De Angelis Testa. These are most valuable pages in a Venetian history written by great collectors, a story full of passion and shared dreams but also of inscrutable mystery.

AN UNTIMELY *COLLECTION*
MARTA SPANEVELLO

Standing at a distance in order to observe and understand the present with an attention that does not coincide with the immediate. As Giorgio Agamben suggests, taking up Nietzsche's "Untimely Meditations,"[1] *untimeliness* is not being extraneous to one's time but the capacity to perceive its fractures, its shadow zones, what is still waiting to be recognized. The collection of Gemma De Angelis Testa moves within this domain: through unpredictable juxtapositions, radical choices, and heterogeneous expressive registers, it builds into an articulated and profound narration of the discontinuities of her present and of contemporary life.

Stemming perhaps from that dimension, at once melancholic and generative, that fuels the desire to compensate for an absence, as suggested by the psychoanalyst Pierre Fédida,[2] the collection took shape after the death of her husband Armando Testa, when Gemma sought a way of expressing her feelings in art. The process of acquisition evolved progressively in a direct exchange with artists who, by setting the present under scrutiny, probe it, traverse it critically, and subvert its underlying premises. At the same time, certain interrogatives begin to recur like nodes which are redefined from one acquisition to the next, following a rhythm that eschews the urge to keep up with current trends.

We can posit that collecting may be seen, not as a neutral action, but as a form of critical reading of a specific period, and that what is meant here by untimeliness is that which does not coincide perfectly with the present, nor adapt to its demands. If this is so, it is by intersecting the themes that recur in Gemma Testa's collection with the chronology of its composition – in other words, the gap between the dates of execution of the works and the dates of their acquisition – that we can grasp the untimeliness of her collecting.

While the work of Cecily Brown entered the collection just a year after its execution, not following market dynamics but to reassert a vital straining towards the subject of color, the entry of a work by Robert Rauschenberg in 2019 instead took place decades after its creation; this was not a delay, but a conscious choice that confirmed an attention towards the subject of language that had already emerged at the very beginnings of the collection with the acquisition of Cy Twombly in 1982. Hence, the times of the collection do not coincide with those of the art system. There is no alignment or synchrony: each work is found when brings to the fore an imperative of a primarily existential nature.

Therefore, in designing the exhibition at Villa Panza the intention was to render these trajectories legible, conveying the link between Gemma Testa's experience and sensitivity and her collecting choices. Eleven sections have been defined, with each addressing a specific theme, setting in relation works that, while they belong to different periods and languages, share a common striving.

PROLOGUE

This is the beginning of a collecting story guided by the rationale of the art system and by the idea that the collection is destined to museums, but already has within it a drive that was to lead to its present configuration. The entry into the collection of Cy Twombly's *Study for Vengeance of Achilles* (1962) stemmed from the desire to own an undisputed benchmark in the history of contemporary art. At the same time, it introduced into the collection the reflection on the symbolic construction of a formal composition, in which signs, gestures, and materials assume narrative value. By blending sign and writing, Twombly translates the drama of Achilles's vendetta into a gesture that assumes a dual significance: the "V" on the canvas alludes to vengeance but also to the hero's bloody spear. Displayed next to it is *Indian (Hoarfrost)* (1974) by Robert Rauschenberg, illustrating the recurrent cycles of certain themes. Here, drawing on pop culture and mass communication, the meaning is expressed not through the gestural trace but through images taken from comics that are transferred to fabric, a flimsy and unstable support — *Hoarfrost* is frozen water vapor — which intensifies the effect of flaking and suspension, suggesting a process of visual dematerialization and conceptual disintegration. *I giganti boscaiuoli* (1981–82) by Mario Merz, acquired in 2000, also plays on the multiple meanings of a formal composition. The two large cones, archetypal shapes, evoke a primitive dimension that is called into question by the presence of a neon which — like the writing in Twombly or the transferred image in Rauschenberg — becomes a conceptual instrument and a manifestation of vitality.

"At each moment, my perceptual field is filled with reflections, sudden noises, and fleeting tactile impressions that . . . I immediately place in the world without ever confusing them with my daydreams"
— Maurice Merleau-Ponty, *Phénoménologie de la perception*, 1945[3]

Research of a conceptual and minimal nature is among the first thematic lines of the collection. The works purchased from the 1990s onwards explore the relations between form, meaning, and perception. They suggest that perception is never a neutral or immediate act but a process conditioned by the context, by individual experience, and by the cognitive structures that define it. Here we have two works by Joseph Kosuth, a theorist and leading exponent of conceptual art, who explores the dynamics of the attribution of a meaning through linguistic expedients such as definition, citation, repetition, and negation. In *No Number Twice (+216, After Augustine's Confessions)* (1991) — acquired in 1993 — the artist engraves a statement on aluminum to interrogate the relation between visual representation and description, original and copy, pointing up how the accuracy of the definition depends on the context and the

communicative intention. *Wittgenstein's Color* (1989), a late integration of 2005, reinforces the considerations on the nature of language and the respective interpretative process. Linked to this perspective is Francesco Lo Savio's exploration of the relation between form and perception. In his work, the matte surface absorbs and diffuses the light in ever different ways, transforming the surrounding space. This research is further radicalized in the work of Gianni Piacentino. In *Deep Ultramarine Blue Portal, V* (1966–67), the artist reduces the architectural form of the door to its most abstract essence, in which the saturated color, the lacquered surface, and the precision of execution give the work a quality suspended between function and pure visual presence.

"Colors are what the painter lives on: this means that they are the essential"
— Kazimir Malevič, *Suprematism*, 1920[4]

Color as the generative principle and vital element that defines the pictorial space, is not an aesthetic detail, but the force that gives form, energy, and meaning to every work. This is the perspective that encompasses Gemma Testa's interest in "painting for painting"; this is a leitmotif that runs through the collection from the 2010s to the present, of which Cecily Brown's *Handsome Stranger* (2010) is an emblematic example. The artist works on the borderline between figurative and abstract, her brushstroke generates a visual vortex in which portions of bodies surface and then decompose into liquid and elusive forms. The color is not restricted to describing, but acts as an element of construction and erasure, forcing the observer to a search between the recognizable and the undefined.

In *Grafted* (2006), Elizabeth Neel too explores this contrast between form and dissolution, developing the painting through layers and drippings. The reality included in and alluded to in her works – in this case, tree trunks – does not emerge from a sign or drawing, but from the modulation of color that reproduces its rhythm, precariousness, and transformation. In Andreas Breunig's *S-Works: Specialized No. 34* (2015), the accumulation of signs and materials – oil, graphite, charcoal – creates a surface in continual transition, where the color is deposited in a dynamic determined by the process of painting itself. The adjacent room offers a focus on the monochrome, with Anselm Reyle deconstructing traditional painting by working on perception. In *Untitled* (2003), the dense and matte black is laid over a red base that re-emerges at the edges, interrupting the static quality of the vision and transforming the work into an unstable visual field. In *NASS* (1994), Gregor Schneider explores the relation between material presence and absence, in a process in which the accumulation of pictorial matter is denied by the lack of figuration, emphasized by the choice of the color white. The painting of Oscar Murillo too is built up through accumulation and erasure, based on a logic of stratification in which color becomes body traversed by signs and tensions. In *(Untitled) Scarred Spirits* (2023), the artist uses red in its symbolic sense as a code that encapsulates a vital and conflictual energy.

"She had the oddest sense of being herself invisible; unseen; unknown"
– Virginia Woolf, *Mrs. Dalloway*, 1925[5]

The collecting of Gemma Testa is marked by a gaze attentive to the condition of women, leading towards incisive choices, which appear to be concentrated in the early 2000s and then peter out. Through photography, video, performance, and advertising, the works gathered in this room showcase the woman-star, the icon, the model, exploring the transition from media overexposure to the annihilation of identity. In *Embroidery of a Book: Young at Any Age* (2000), Francesco Vezzoli works with pop iconography, weaving together tradition and mass media. Embroidery, a craft associated with the domestic and female sphere, is applied to images of celebrities through a slow and intimate process that contrasts with the rapid media consumption represented by the photos. There is a similar exploration in the work of Vanessa Beecroft, who stages performances of groups of women arranged in a strict spatial choreography. In *VB 16.070. Ali* (1996), the models – rendered uniform by their stereotyped posture and absence of expression – become symbols of a controlled aesthetic, by which they are at once enhanced and deprived of individuality. The photograph that freezes the performance in a static image exacerbates this ambiguity between presence and loss of self. Dialoguing with these works is an advertising poster by Armando Testa in which the synthetic force of the composition acts on the perception of the observer through allusion and what is not said: in *Beatrix* (1965), Testa trusts to the spectator's desire to reveal what is concealed, creating an image that is not restricted to conveying a message, but questions the way in which we perceive and interpret reality.

"All oppression creates a state of war" – Simone De Beauvoir, *Le Deuxième Sexe*, 1949[6]

Oppression, resistance, and negation are forces that traverse different eras and contexts. The works brought together here were collected at different times, following a rationale that was cyclical rather than continuative. They are not restricted to documenting topics, but bring to light their numerous points of view, converting this space into a moment of reflection. Shirin Neshat addresses the role and condition of the woman in the Islamic world, documenting the conflict between individual liberty and social impositions. *I Am Its Secret* belongs to the *Unveiling* series (1993) and presents a female portrait in which the face is covered by a dense swirl of Arabic calligraphy bearing verses from "I Will Greet the Sun Again" (1964) by the Iranian poetess Forough Farrokhzad; here, the woman's body becomes terrain of denouncement and, through the power of the written word, restores a voice to the subject. Displayed alongside this is a work by Andres

Serrano that addresses racial violence in the United States, inviting the spectator to face the symbol of white supremacy: *Klanswoman (Grand Klaliff II)* (1990) shows a woman wearing the hood and robes of the Ku Klux Klan, but her gaze – seductive and disturbing – subverts the viewer's expectations and causes disorientation. The presence of a female figure in a patriarchal organization such as the Klan reverses the hierarchies of power, calling into question the link between gender oppression and racism.

The disparity between the recognition of the symbol and its visual reinterpretation is reiterated in the work of Marina Abramović, who transforms her body into a battlefield, subjecting it to a ritual of suffering. In *Lips of Thomas* (1975), the artist carves a five-pointed star – symbol of the Soviet regime – onto her naked body, alluding to the oppression suffered in her childhood from both paternal authority and the political context. The gesture, violent and ritual, converts the experienced trauma into a visible trace, and the wound into an act of rebellion.

Pipilotti Rist addresses a form of coercion that is less immediate but equally pervasive: that which is self-inflicted. *Heilung (Healing)* (2004) displays a first aid cabinet containing medicines and a video of an endoscopic examination in which the body is transmuted into an abstract and disquieting landscape. The work suggests a condition of isolation and vulnerability, in which the search for a cure becomes essential to find equilibrium between body and mind.

In *Surrender* (2001), Bill Viola, on the other hand, explores the condition of non-communication. Evoking a fragmented humanity incapable of overcoming invisible barriers, the artist portray two figures that appear to mirror each other without ever touching: there is no exchange, just a distorted and unreachable reflection. In the adjacent room, a contraposition has been set up between a sculpture by Monica Bonvicini and an advertising poster by Armando Testa that explore the subject of female submission from opposite perspectives. *Belt Exercise #2* (2018) consists of a belt made of bronze, monumentalized in such a way as to evoke both constriction and desire, becoming a symbol of power and submission. *Vota NO* (1970) – spurred by the debate on divorce in Italy in the 1970s – exploits an essential and direct language to condense an entire ideological position in a single image.

44

"We are our memory, we are this chimerical museum of shifting forms, this heap of broken mirrors"
– Jorge Luis Borges, "Cambridge," 1969[7]

In this room, everyday objects extrapolated from their original context are charged with other meanings. In *Colorful Stones* (2018), Pascale Marthine Tayou works with *sampietrini* flagstones: stones that traditionally symbolize resistance, and opposition to power. By moving them from the space of conflict to that of contemplation and coating them in bright colors, the artist reverses their function, converting them into sculpture: the stones so often used to be thrown become an aesthetic element, a symbol that does not lose its memory but rather transfigures it. The heart of Tayou's research lies in his African roots, which are manifested through colors, shapes, and compositions that evoke objects and stories from his homeland of Cameroon. Set in dialogue with *Colorful Stones* is a sculptural work by Armando Testa that plays on the ambiguity of form and meaning. *Segno* (1990) is an essential and enigmatic cross, that appears to be bent in prayer or folding in upon itself. Here the line becomes structure, the minimal gesture becomes an archetypal form which, despite its simplicity, opens up to multiple meanings.

"And Heaven and Earth would unite to send forth sweet dew"
– Lao Tzu, *Tao Te Ching*, 4th–3rd cent. BC[8]

In the early 2000s, as a meditative practice in contrast with the frenetic pace of contemporary life, Gemma Testa acquired several works by Sabrina Mezzaqui. The collector has always supported the Italian artistic scene, especially young protagonists, with the intention of valorizing a production that – although it is not always in the international limelight – in her opinion deserves to be recognized. Nature and its slow transformation over time have always been at the center of this artist's research. She invites a dilated contemplation of the world through repeated gestures and minimal details. In the immersive video installation *Carezze* (2001), the landscape changes gradually, marking out the passage of the hours: the clouds shift slowly, the light changes, and the almost imperceptible movements force the gaze to slow down and grasp the continuity of the natural transformations. Displayed in the same room is *Case gialle* (2002), where attention is focused on the flight of swallows back and forth between one roof cornice and another. The image of the birds unfolds in a large-scale projection in which the artist has deliberately shown them life-size, and the enveloping visual effect amplifies the perception of movement. The artist avoids sophisticated technologies, favoring simple instruments that emphasize the value of the process rather than the aesthetics of the image. The making becomes an introspective act, the work becomes experience, an invitation to suspend the everyday rhythm and inhabit a space of contemplation.

"... travel, it disrupts all habit and endlessly jolts each prejudice"
— Marguerite Yourcenar, *Mémoires d'Hadrien*, 1951[9]

The subject of migration traverses the work of Adrian Paci. Born in Scutari, in Albania, in 1969, he left his country in the 1990s to come to Italy. The fact that the artist experienced this move as an imposed separation, accompanied by nostalgia for what had remained elsewhere, affected his artistic research. Through video and photography, he explores the bond between identity and place, between what one abandons and what one retains, probing the sense of belonging and the fragility of roots. In *Turn On* (2004), a group of unemployed men sit in a row, each holding a lightbulb. The scene is set in Paci's hometown, stricken by a dire economic crisis. The frail light that illuminates the men comes from bulbs connected to a generator, an unstable source, transfiguring the immobile bodies into a metaphor for precariousness. The same sense of uncertainty also pervades *Believe Me I Am An Artist* (2000), donated to the Museo del Novecento in Milan by ACACIA, the association founded by Gemma Testa in 2003 to support Italian art in the museums. Here, Paci shifts the spotlight to himself and his role as an artist, and recounts a real event: during a trip to Albania, he was stopped at the Italian border; he was carrying photographs of his works which were considered ambiguous and, when asked for an explanation, he replied "Believe me, I am an artist." The migrant, like the artist, constrained to negotiate his own recognition in a system that regards both with suspicion. *Apparizione* (2000), addresses the subject of memory understood as a bond between places and generations. The work consists of two screens, one in front of the other, that enact a dialogue between a little girl in Italy and her family back in Albania; a traditional nursery rhyme serves as a bridge between the two worlds.

"I am seeking an innocent country"
— Giuseppe Ungaretti, "Girovago," 1914[10]

Through the works of great masters, Gemma Testa has pondered on the phenomenon of migration, elective or enforced, on the reasons for the dispersion of a people, on persecutions that make man yearn to find a place free from conditionings. The works displayed here are the result of stratifications, transformations, and memories. In the two tapestry works by William Kentridge, *Promised Land* (2008) and *Aegyptus Inferior (Patriarcathus Hierosolomytanus)* (2007–08), a horse is superimposed on a geographical map. The craft origin of tapestry, the grounding in tradition and the maneuverability, reinforce the theme of nomadism. The title refers to the concept of promised land, that traverses epochs and cultures, yet offers no answers: does the sought-for land exist, or is it simply an unattainable idea?

This same notion of quest and cyclical mobility across times and places also pervades the work of Goshka Macuga. In *Aby Warburg on Madness and Ritual* (2014), the artist reflects on the considerations made by the art historian Aby Warburg, who changed the approach to the study of images by highlighting the way in which symbols and expressions of the past continue to re-emerge in new forms. Yan Pei-Ming and Ai Weiwei also address the relation between conservation and cancellation. The destruction of the religious images during the Cultural Revolution in China deprived entire generations of a visual relation with their cultural heritage. In *Buddha* (2000) Yan Pei-Ming uses swift and textured brushstrokes that dissolve the contours, producing not a fixed icon but an image built on the friction between memory and loss in an attempt to reappropriate what had been negated. The gesture of Ai Weiwei in *Colored Vases* (2014) moves in the same direction: ancient Chinese artifacts are covered in industrial paint, superimposing past and present. The matte surface veils the original details, but at the same time brings them into the present in a new form. His action reflects on the friction between modernity and tradition, between the desire to preserve history and the obligation to rewrite it.

"In comparison with these Infinites all finites
are equal"
— Blaise Pascal, *Pensées*, 1670[11]

The relation between image and infinite,
between formal clarity and indeterminacy, is at
the hub of the works by Grazia Toderi and
Thomas Ruff. Although they adopt different
methods and perspectives, both transfigure
visual experience within a dimension suspended
between reality and abstraction. Toderi
developes a language concentrated on video
art. Exploiting simple media and everyday
objects, her images evoke cosmic landscapes
and evanescent atmospheres that transmute
the immersive vision of aerial perspectives
into meditative experiences. This interest in the
representation of the infinite shares points of
contact with the research of Ruff, who, in the
series *Sterne (Star)* (1992), uses negatives originating from a space observatory, and transforms them into monumental images of starry
skies. However, these images contain a paradox: what is documented no longer exists,
because the stars photographed are already
dead. In this way, the artist converts photography, which is considered a means of record-
ing reality, into a reflection on memory and
absence, on the conflict between the desire

to capture time and its inevitable dissipation.
In the series *Jpeg* (2006), Ruff furthers the
research into the nature of digital images,
downloading low-resolution photos from internet and enlarging them to the point of making
the pixels the subject of the work. Attention
shifts from what is represented to the techno-
logical means that gives it back, highlighting
the way in which reality is perceived, and circu-
lated in the digital age.

"Everything seems to exist and nothing
exists"
— Emil M. Cioran, *Le Mauvais démiurge*,
1969[12]

Peter Fischli & David Weiss play on the boundary
between the significant and the insignificant,
between what is worthy of attention and what
apparently is not.
Active since the 1970s, using ready-made
and video they have developed a language that
reads the everyday with irony, elevating the most
ordinary gesture to an opportunity for reflection on behavior and its perception. In *Hunde*
(2003), the subject of the artwork – dogs barking, behind a fence – is direct and devoid of
narrative constructions. The image is essential,

almost disarming in its immediacy, but it is precisely this simplicity that forces the spectator to dwell on the repetitive nature of the observed behavior. The sound becomes the central element and the barking the sign of a presence, an attempt at communication that comes up against a physical barrier. The video oscillates between annoyance and irony, transforming the obsessive rhythm of the gesture into a paradox between frustration and play.

1
Giorgio Agamben, *Che cos'è il contemporaneo?* (Rome: Nottetempo, 2008).
2
Pierre Fédida, *L'Absence* (Paris: Éditions Gallimard, 1978).
3
Maurice Merleau-Ponty, *Phenomenology of perception*, translated by Ronald A. Landes (London: Routledge, 2012), lxxiv.
4
Kazimir Malevič, *Suprematismo* (1920), ed. Gabriella Di Milia (Milan: Abscondita, 2000), 48.
5
Virginia Woolf, *Mrs. Dalloway* (New York: Harcourt, Brace & World, Inc., 1925), 14.
6
Simone de Beauvoir, *The Second Sex*, translated by Constance Borde and Sheila Malovany-Chevallier (New York: Vintage Books, 2011), 849.
7
Jorge Luis Borges, "Cambridge" in *In Praise of Darkness*, translated by Norman Thomas di Giovanni (New York: Dutton, 1974), 23.
8
Lao Tzu's Tao-Teh-Ching. A Parallel Translation Collection, compiled by B. Boisen (Boston, MA: GNOMAD Publishing, 1996), 65.
9
Marguerite Yourcenar, *Memoirs of Hadrian*, translated from the French by Grace Frick in collaboration with the author (London: Secker & Warburg, 1974), 130.
10
["Cerco un paese innocente"], Giuseppe Ungaretti, "Girovago" (1914), in *L'Allegria*, critical edition by Cristiana Maggi Romano (Milan: Fondazione Arnoldo e Alberto Mondadori, 1982), 28.
11
Blaise Pascal, *Pascal's Pensées*, translated by W.F. Trotter, with an introduction by T.S. Eliot (New York: E.P. Dutton 1958), 20.
12
Emil M. Cioran, *The New Gods*, translated from the French by Richard Howard (New York: Quadrangle, 1974), 39.

OPERE / WORKS

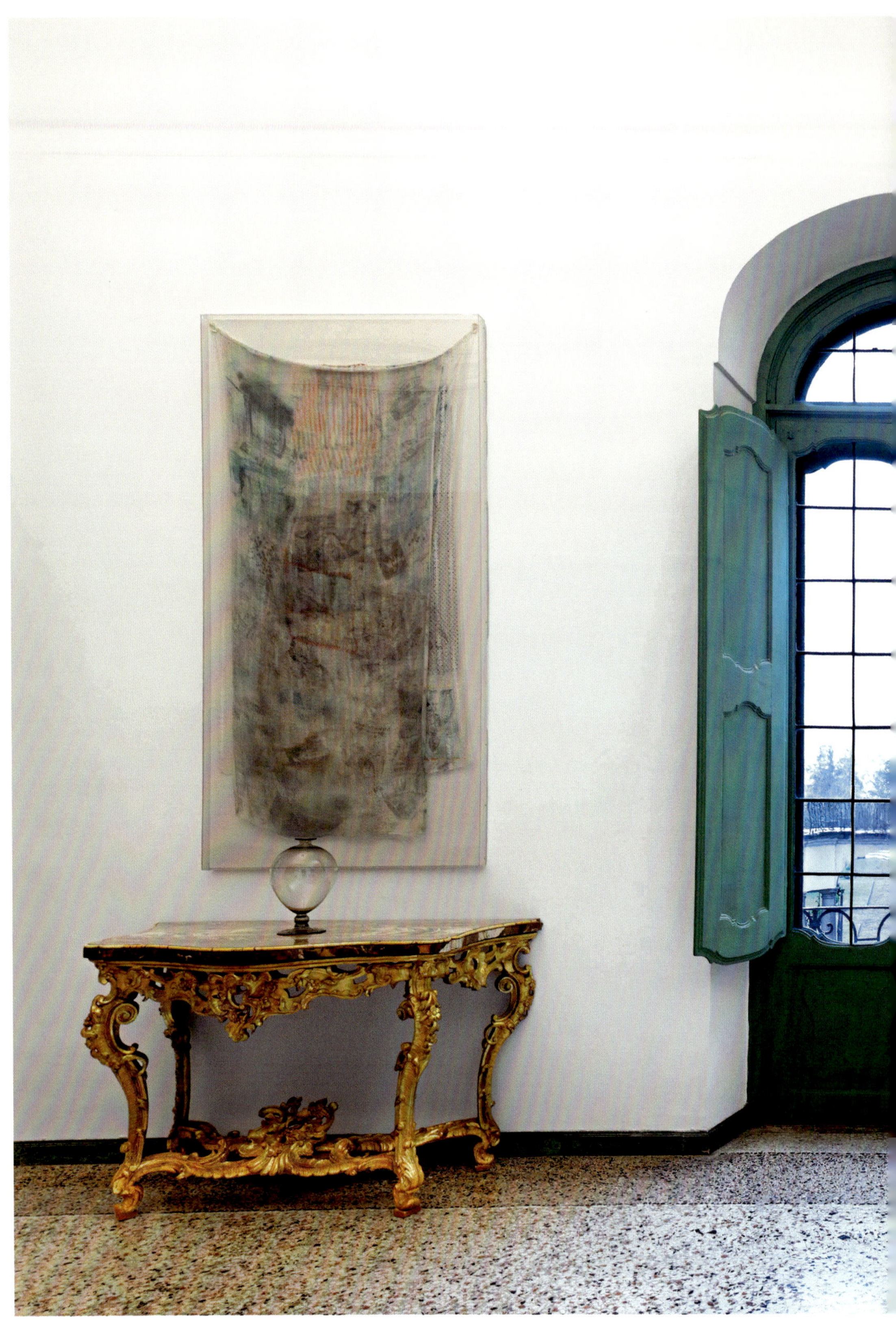

Veduta dell'allestimento / Installation view, Villa e Collezione Panza, Varese

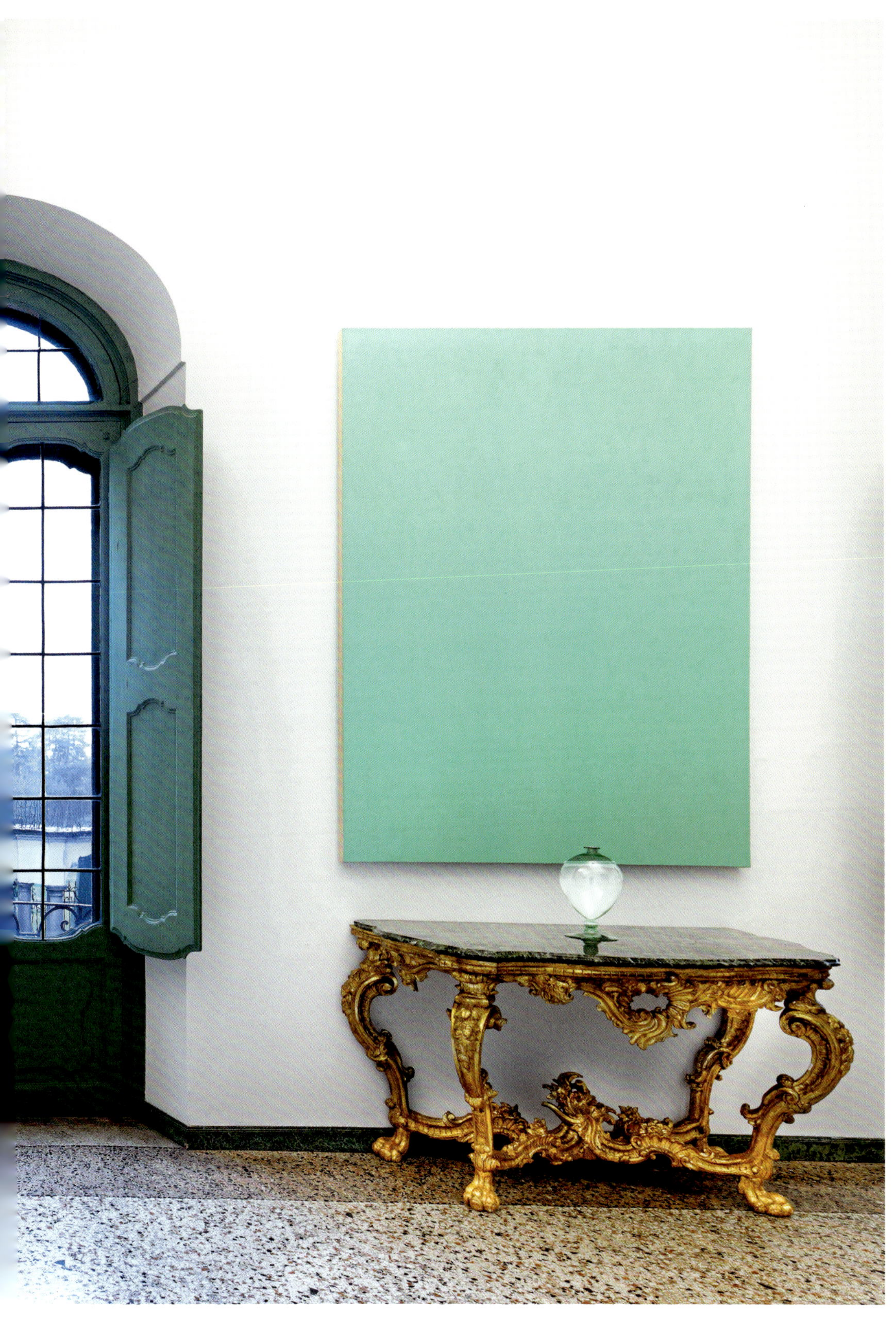

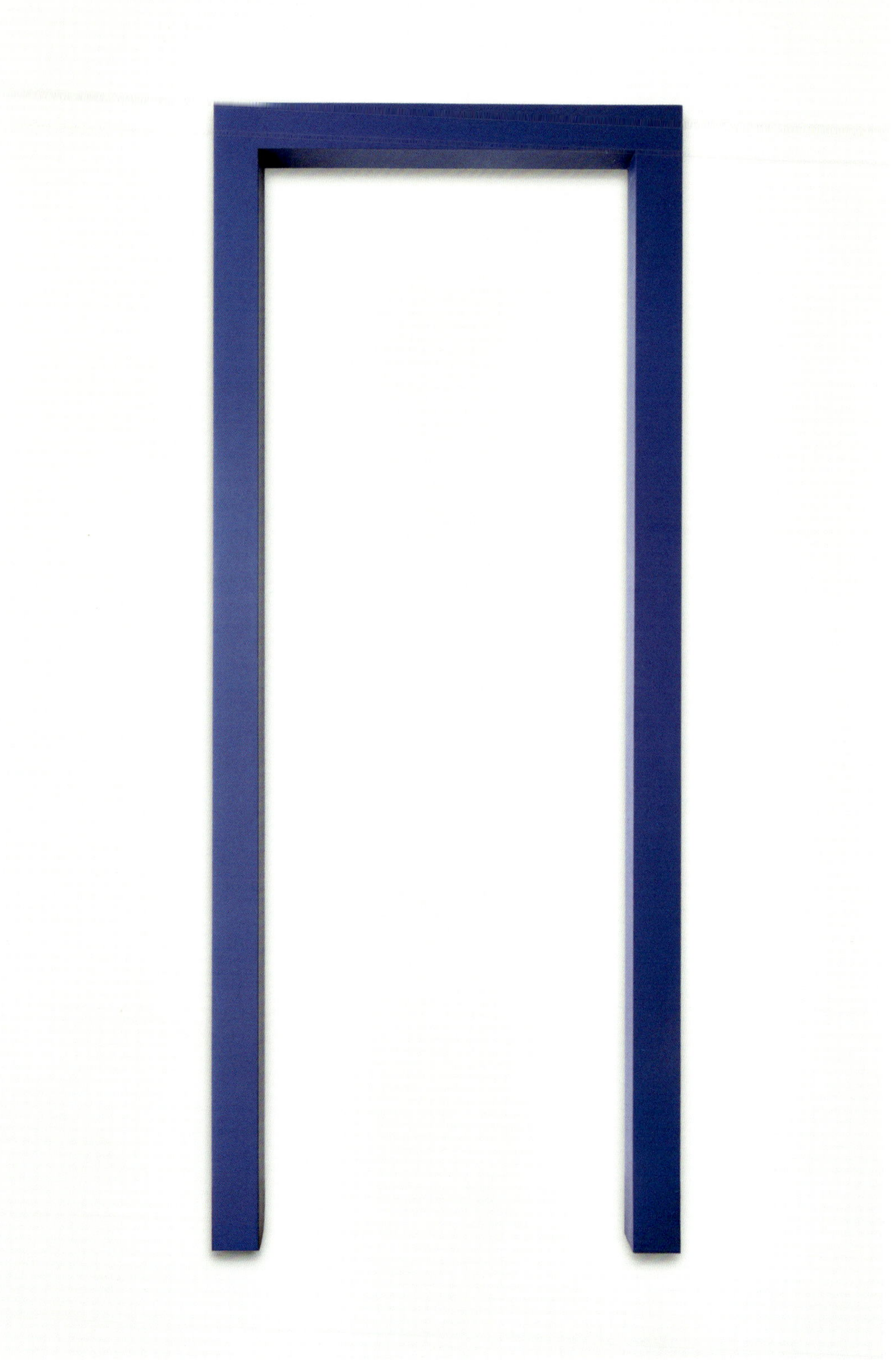

Gianni Piacentino, *Deep Ultramarine Blue Portal, V*, 1966–67. Smalto nitroacrilico su legno resinato / Nitro-acrylic enamel on polyester-coated wood and resin, 240 × 100 × 10 cm. Collezione Gemma De Angelis Testa

Francesco Lo Savio, *Metallo nero opaco uniforme, ellissoidale con parte centrale piana orizzontale*, 1961. Lastra di metallo verniciata di nero / Black painted metal plate, 76 × 200 × 16.5 cm. Collezione Gemma De Angelis Testa

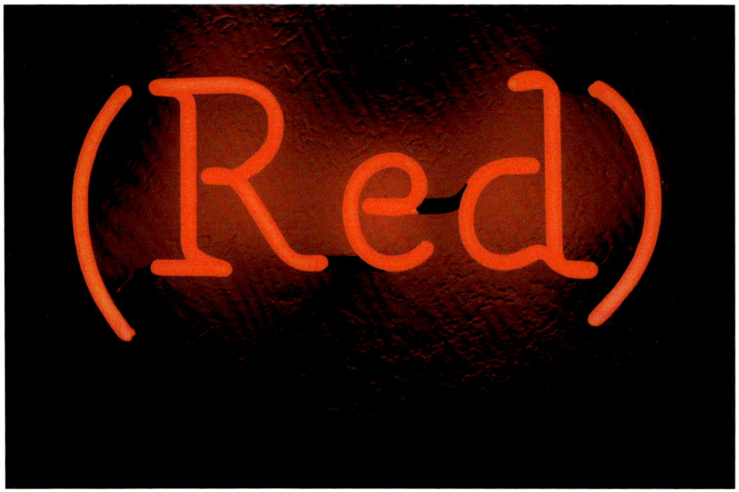

Joseph Kosuth, *Wittgenstein's color*, 1989. Neon rosso / Red neon, 16 × 38 cm. Collezione Gemma De Angelis Testa

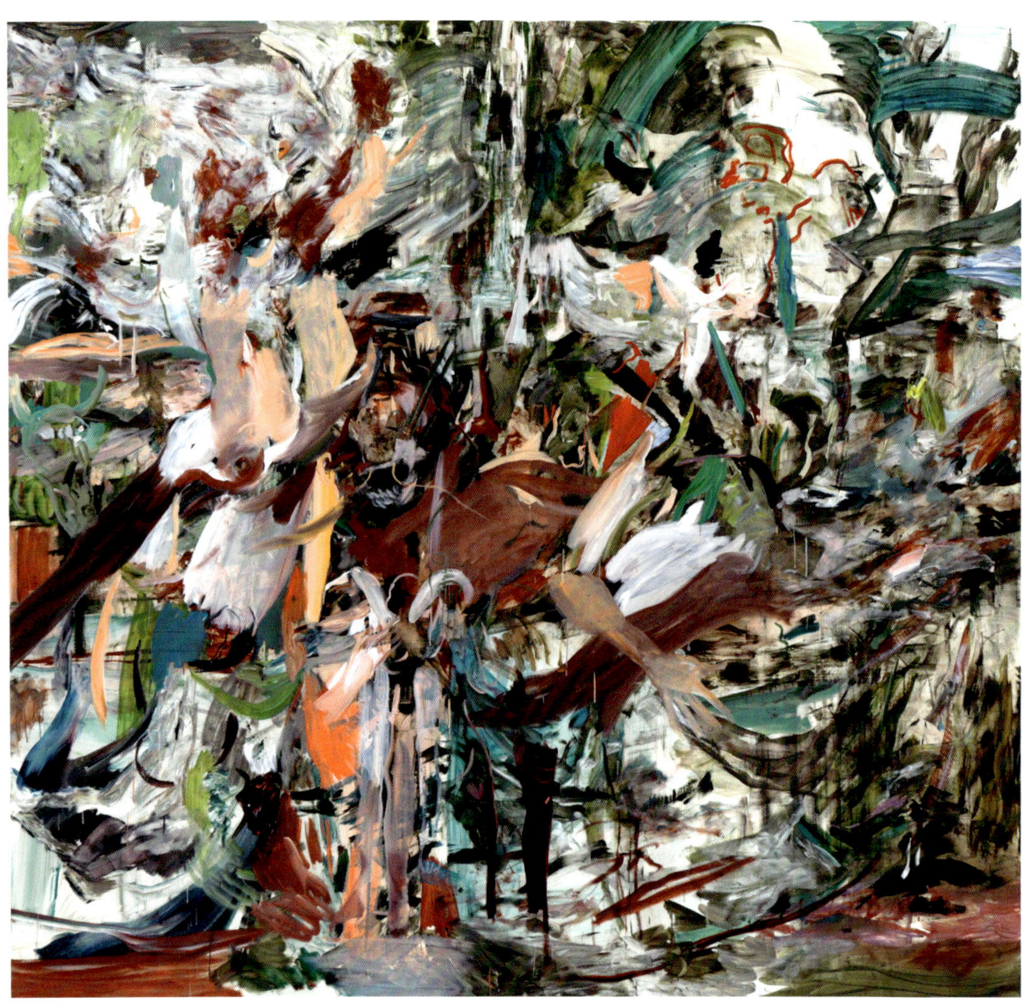

Cecily Brown, *Handsome Stranger*, 2010. Olio su tela / Oil on canvas, 246.4 × 261.6 cm. Collezione Gemma De Angelis Testa

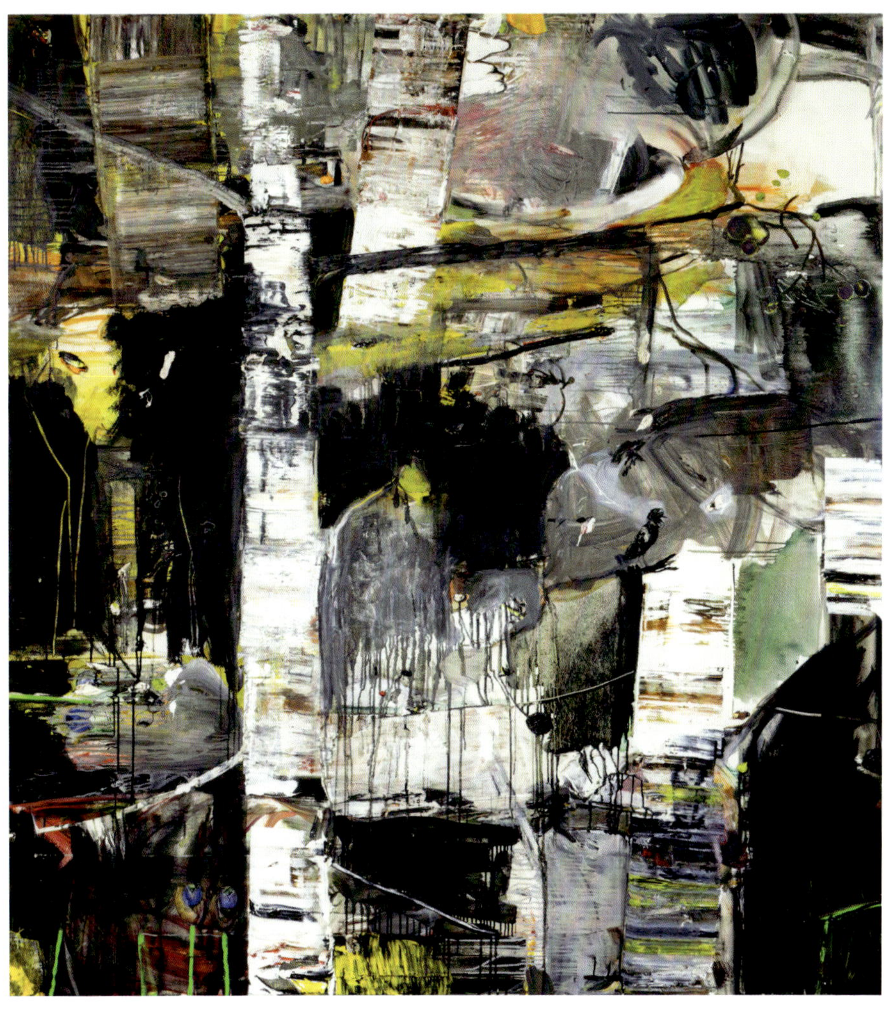

Elizabeth Neel, *Grafted*, 2006. Olio su tela / Oil on canvas, 218.5 × 198 cm. Collezione Gemma De Angelis Testa

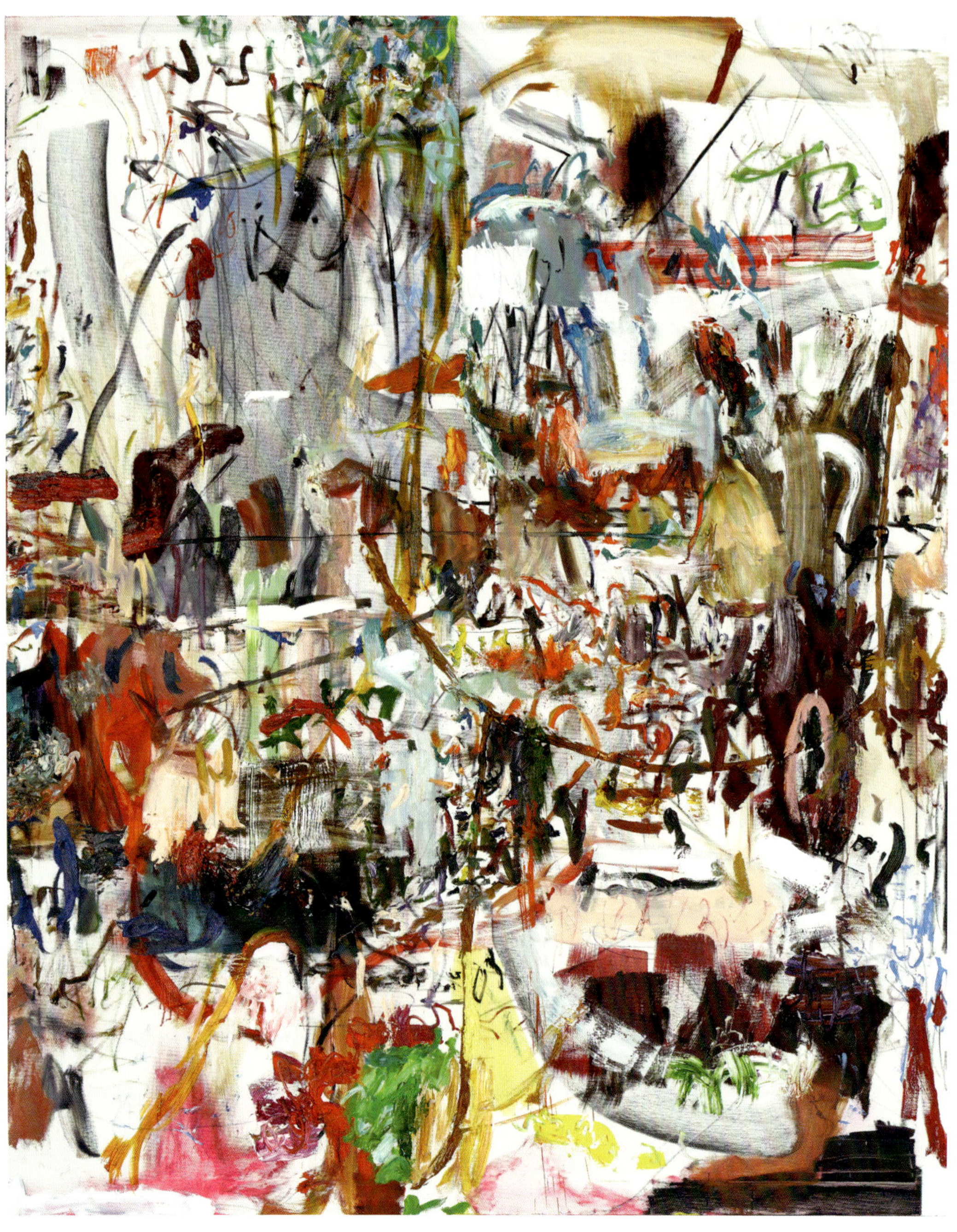

Andreas Breunig, *S-Works: Specialized No. 34*, 2015. Olio, grafite e carboncino su tela / Oil, graphite, charcoal on canvas, 210 × 170 cm. Collezione Gemma De Angelis Testa

Anselm Reyle, *Untitled*, 2003. Tempera e alluminio su tela / Tempera and aluminum on canvas, 135.5 × 114 cm. Collezione Gemma De Angelis Testa

**Gregor Schneider, *NASS*, 1994. Smalto e fogli di carta su tela / Enamel and sheets of paper on canvas, 128 × 120 × 30 cm.
Collezione Gemma De Angelis Testa**

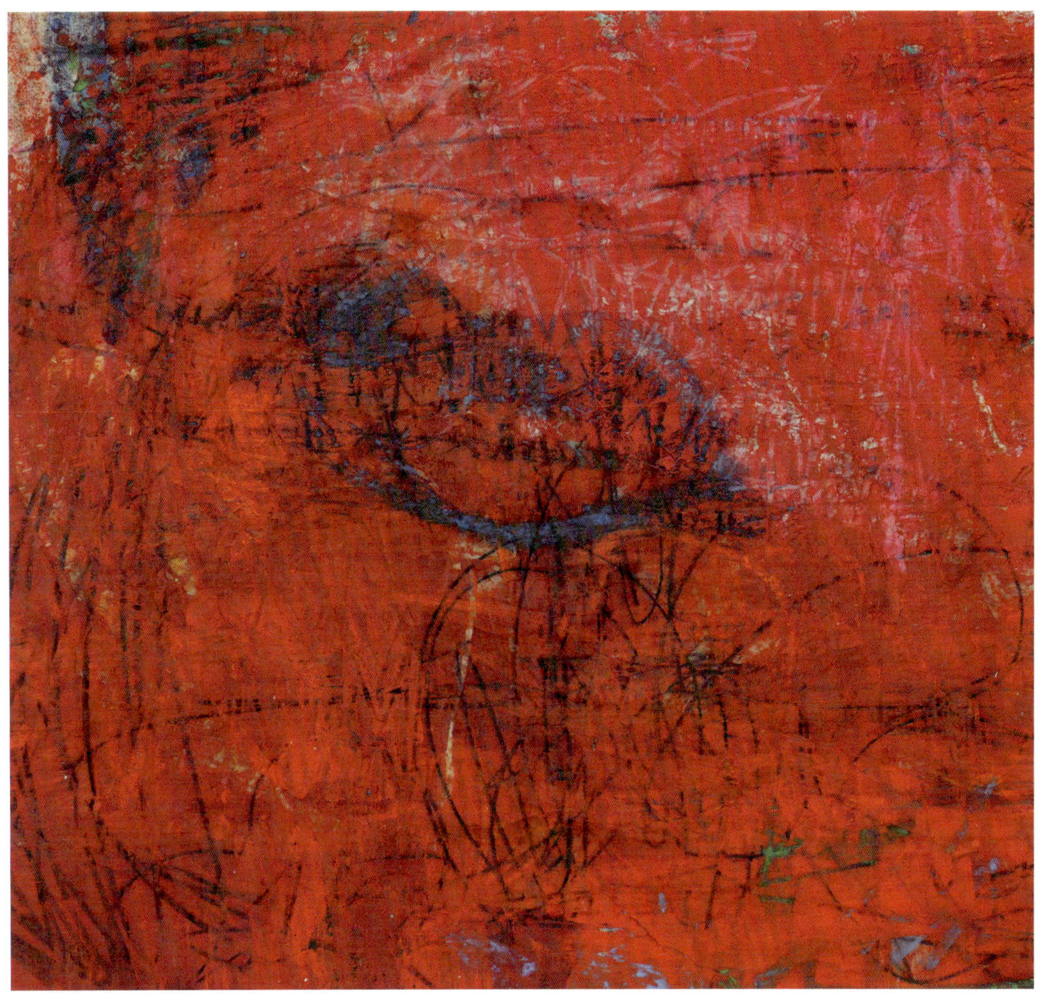

Oscar Murillo, *(Untitled) Scarred Spirits*, 2023. Olio e gessetto su tela / Oil and oil stick on canvas, 130 × 140 cm. Collezione Gemma De Angelis Testa

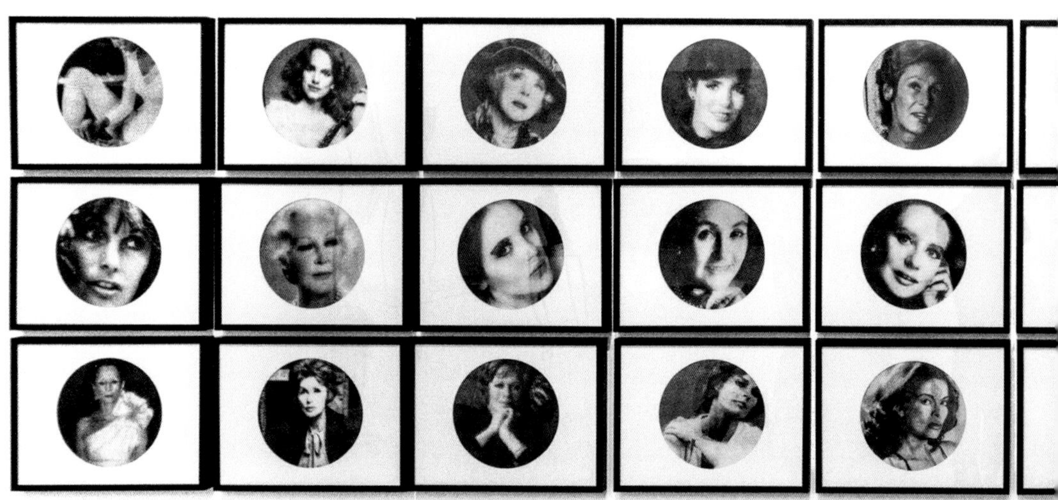

Francesco Vezzoli, *Embroidery of a Book: Young at Any Age*, 2000. Stampe laser su tela con ricami, 33 elementi / Laser prints on canvas with embroidery, 33 elements, 103 × 493 cm. Fondazione Musei Civici di Venezia, Galleria Internazionale d'Arte Moderna Ca' Pesaro – Donazione Gemma De Angelis Testa

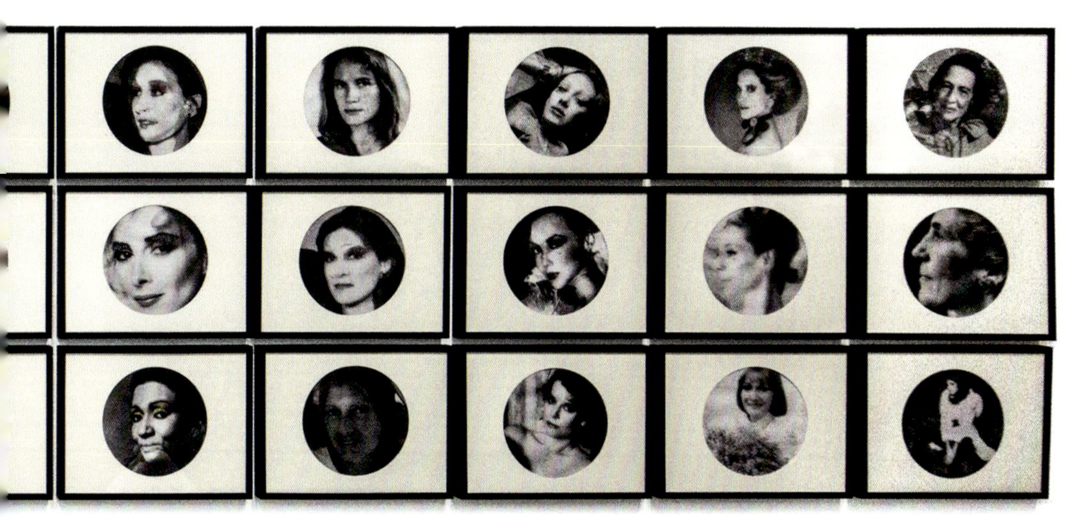

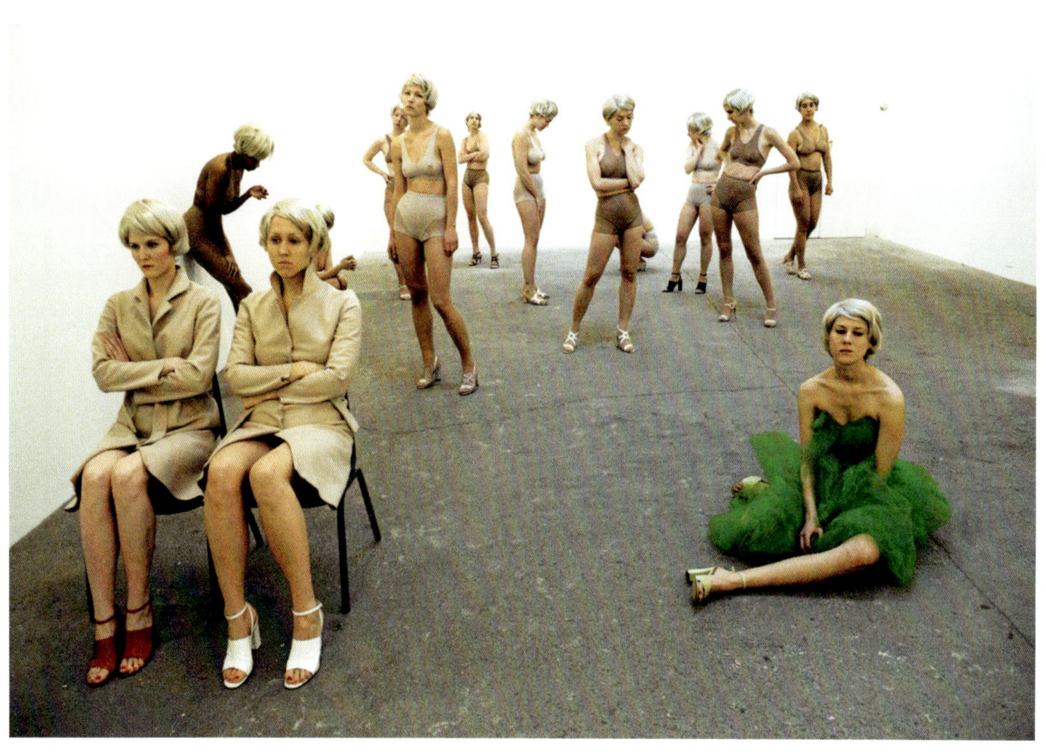

Vanessa Beecroft, *VB 16.070. Ali (Performance Deitch Projects, New York USA)*, 1996. Stampa cibachrome digitale / Cibachrome digital print, 122.7 × 170.7 cm. Collezione Gemma De Angelis Testa

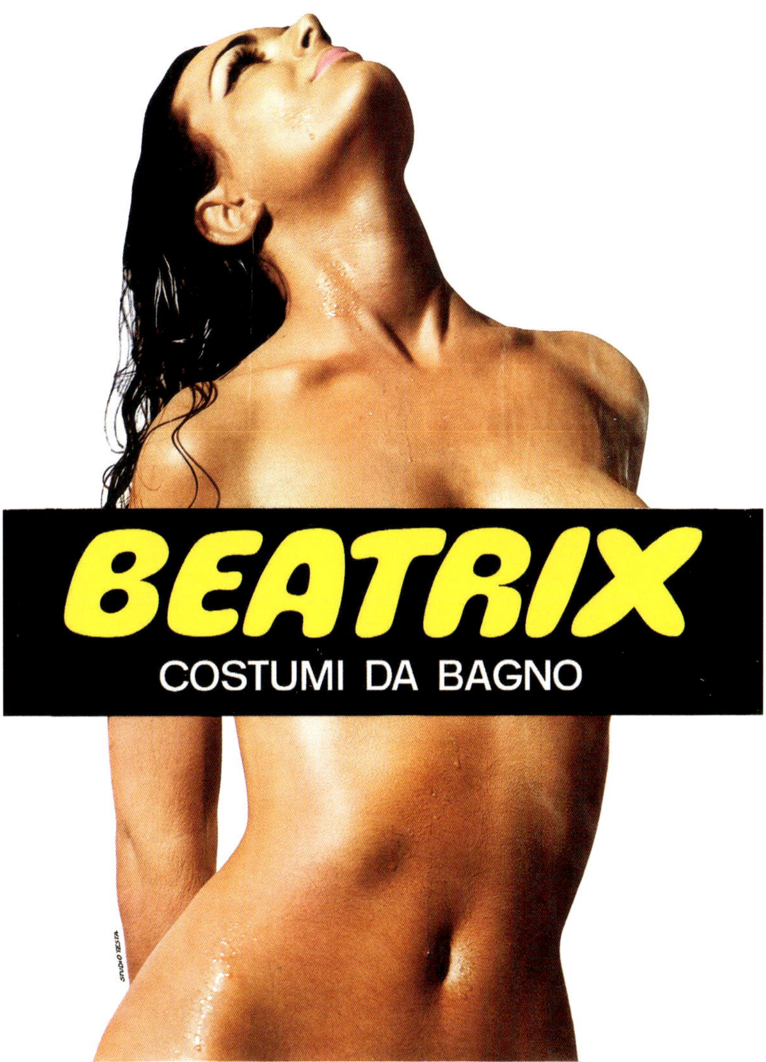

Armando Testa, *Beatrix*, 1965. Stampa litografica su carta montata su tela / Lithographic print on paper mounted on canvas, 140 × 100 cm. Collezione Gemma De Angelis Testa

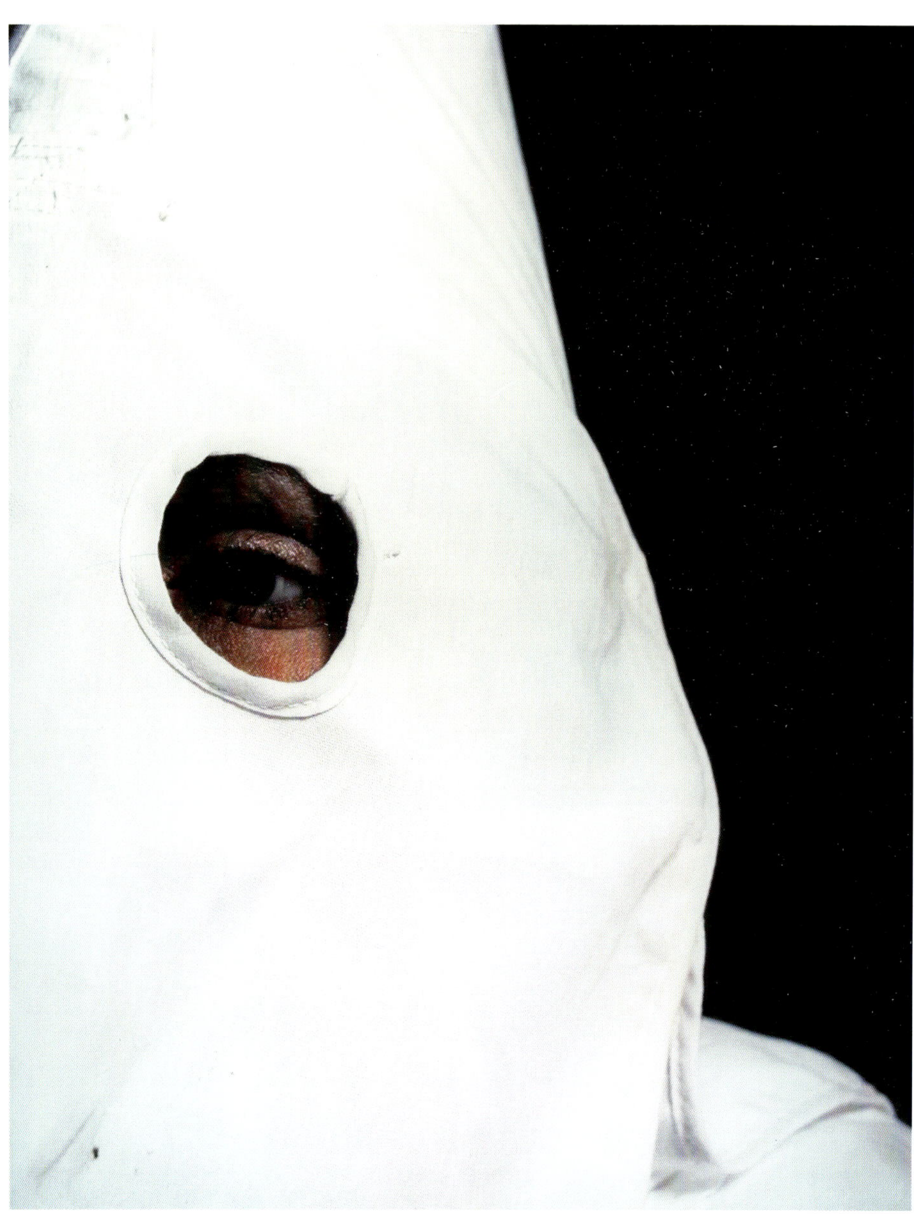

Andres Serrano, *Klanswoman (Grand Klaliff II)*, 1990. Stampa cibachrome montata su plexiglass e cornice d'artista / Cibachrome print mounted on plexiglass with artist frame, 114.5 × 95.5 × 3 cm. Collezione Gemma De Angelis Testa

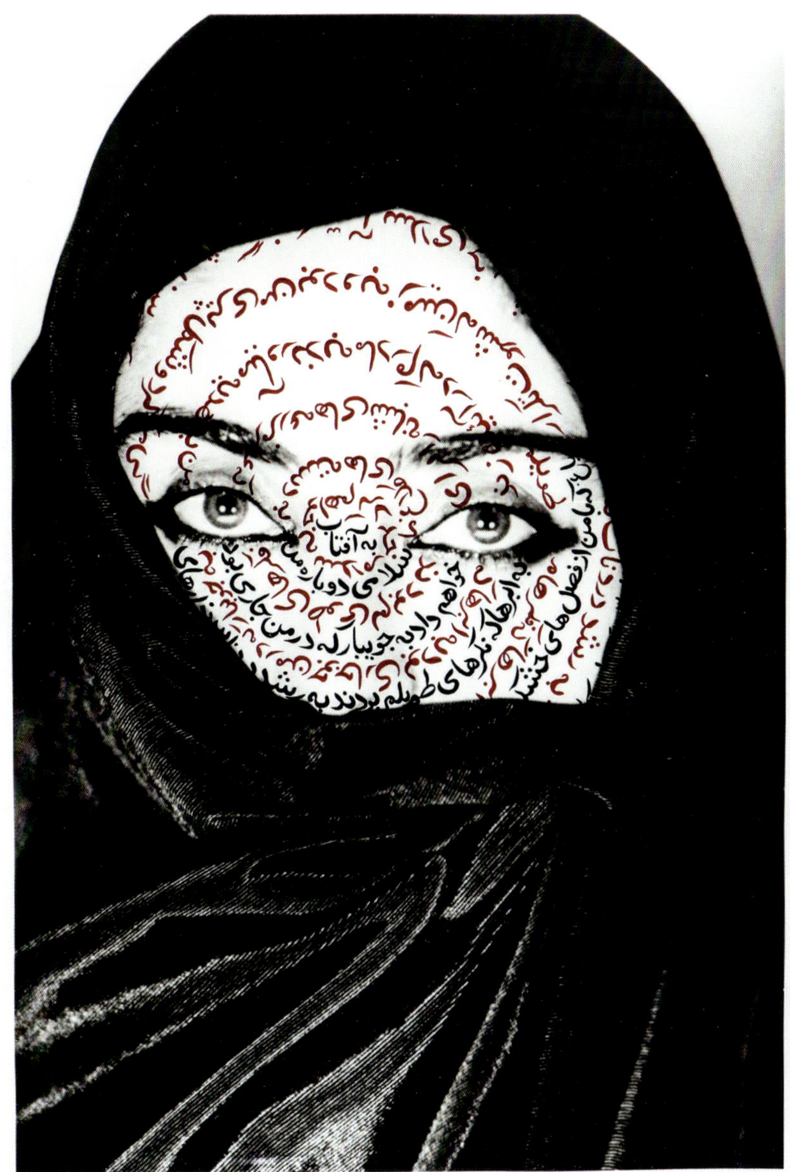

Shirin Neshat, *I Am Its Secret (From Unveiling Series)*, 1993. Stampa alla gelatina d'argento con scritte a mano in inchiostro / Silver gelatin print with handwritten inscriptions in ink, 127 × 101.6 cm. Collezione Gemma De Angelis Testa

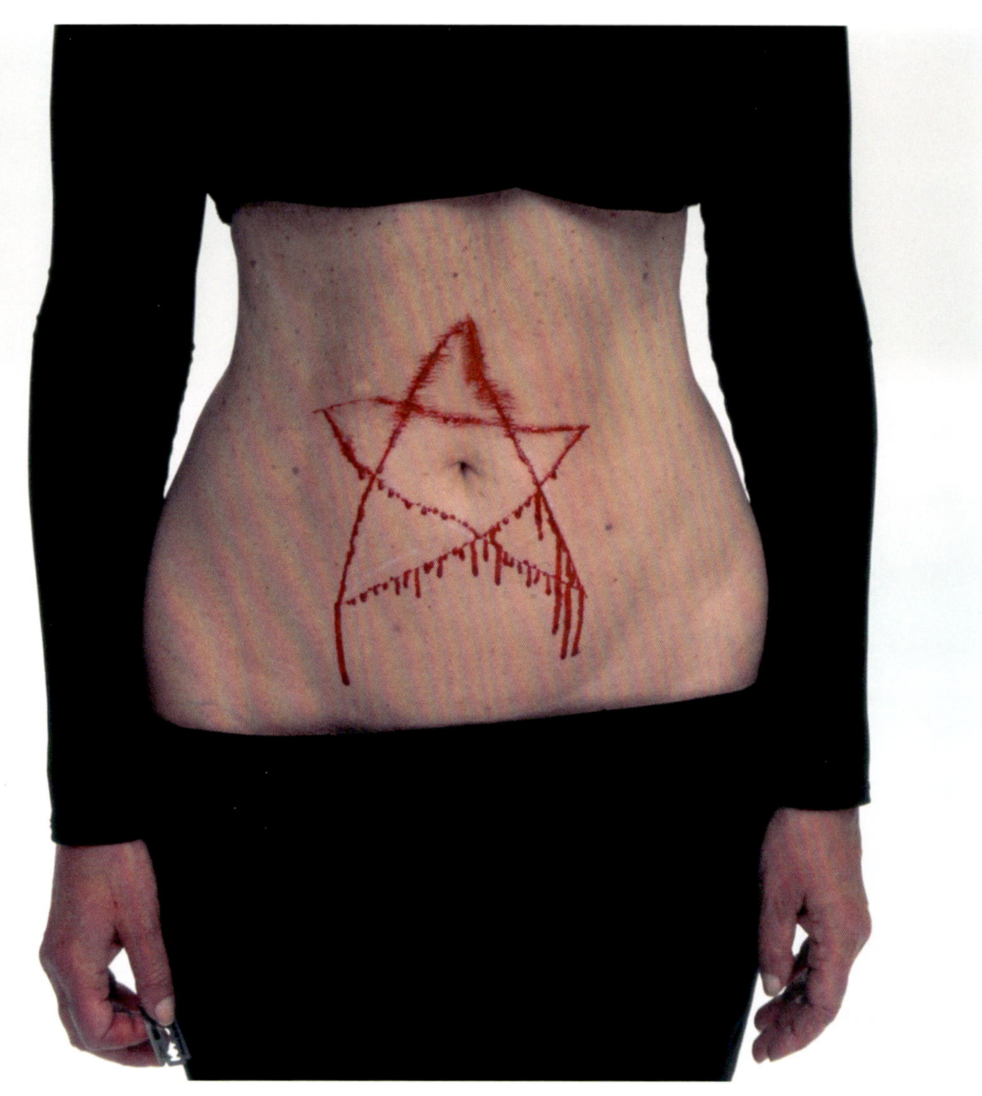

**Marina Abramović, *Lips of Thomas*, 1975–97. Stampa fotografica su carta / Photographic print on paper, 129 × 129 cm.
Collezione Gemma De Angelis Testa**

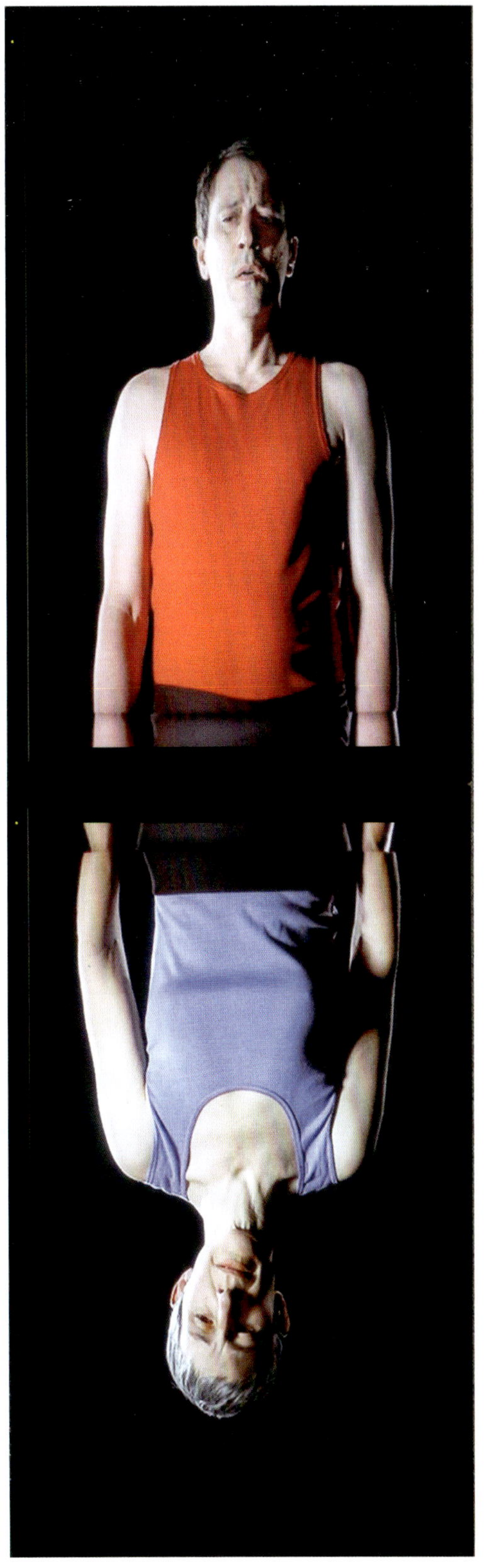

Bill Viola, *Surrender*, 2001. Video a colori su due display / Color video on two displays, 204.2 × 61 × 8.9 cm. Fondazione Musei Civici di Venezia, Galleria Internazionale d'Arte Moderna Ca' Pesaro – Donazione Gemma De Angelis Testa

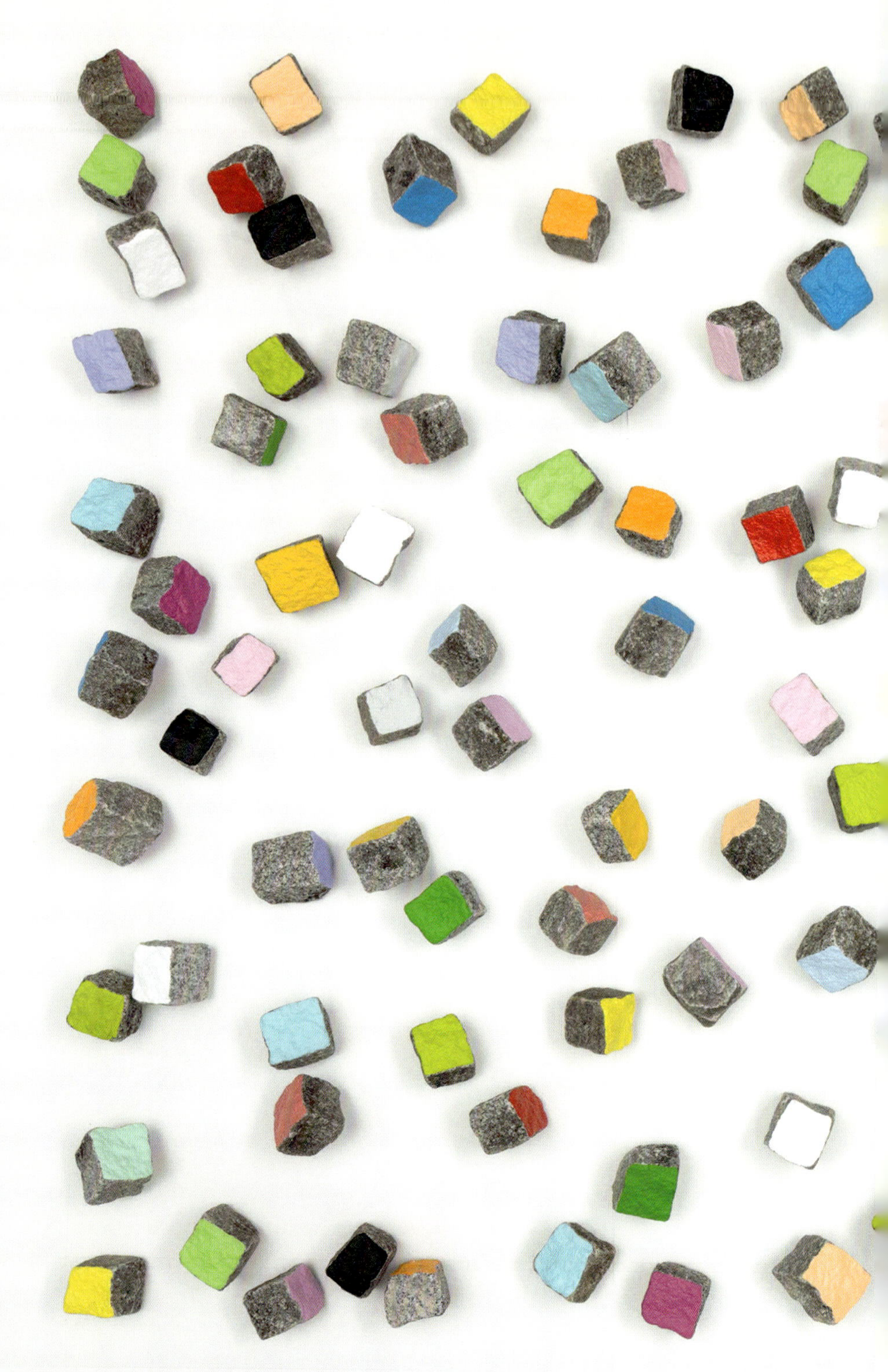

Pascale Marthine Tayou, *Colorful Stones*, 2018. 140 elementi in granito, vernice spray / 140 granite elements, spray paint, 180 × 220 cm.
Fondazione Musei Civici di Venezia, Galleria Internazionale d'Arte Moderna Ca' Pesaro – Donazione Gemma De Angelis Testa

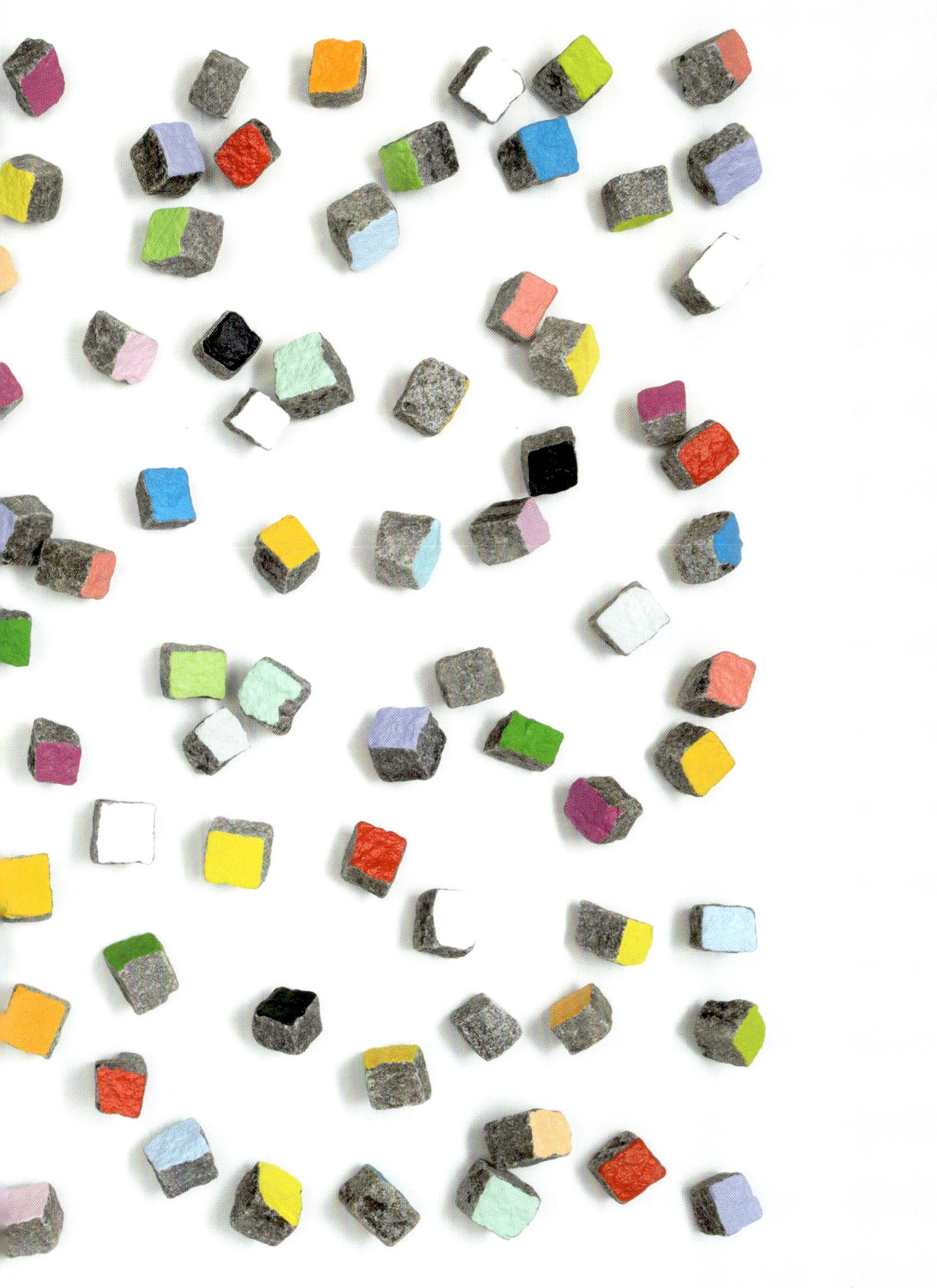

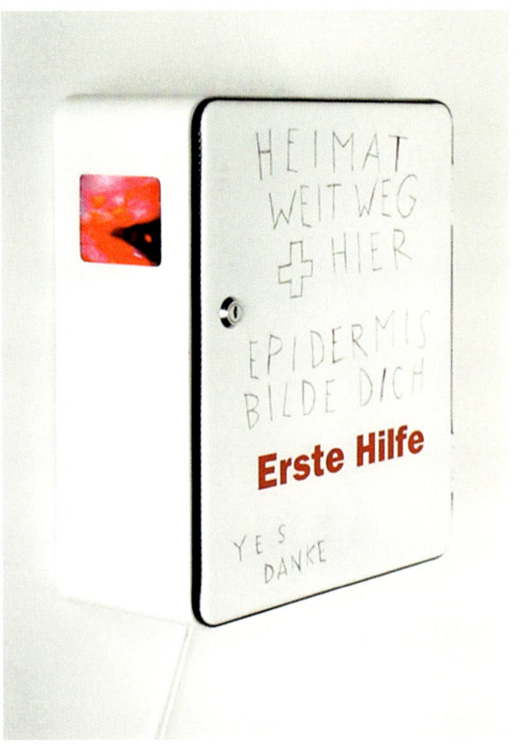

Pipilotti Rist, *Heilung (Healing)*, 2004. Schermo, lettore video e armadietto di primo soccorso con confezioni di medicinali / Screen, video player and first aid cabinet with drug packaging, 35 × 30 × 14.3 cm. Collezione Gemma De Angelis Testa

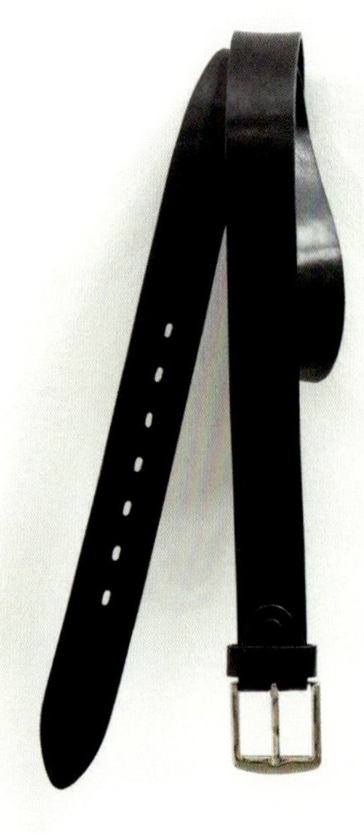

Monica Bonvicini, *Belt Exercise #2*, 2018. Scultura in bronzo / Bronze sculpture, 44 × 17 × 13 cm. Collezione Gemma De Angelis Testa

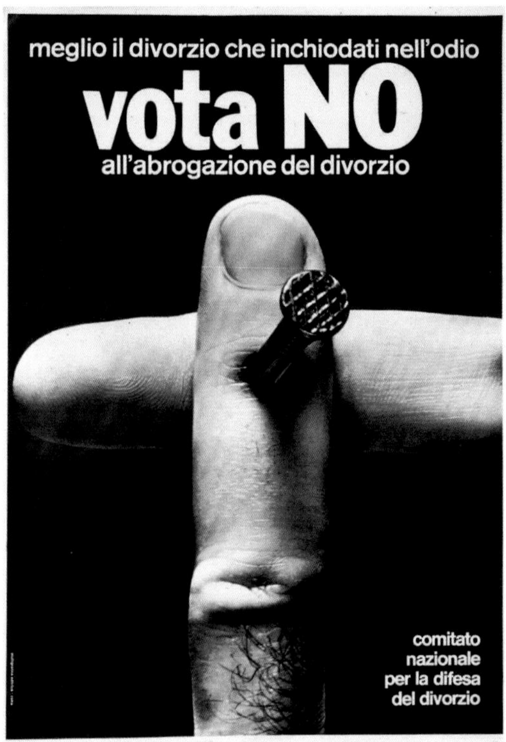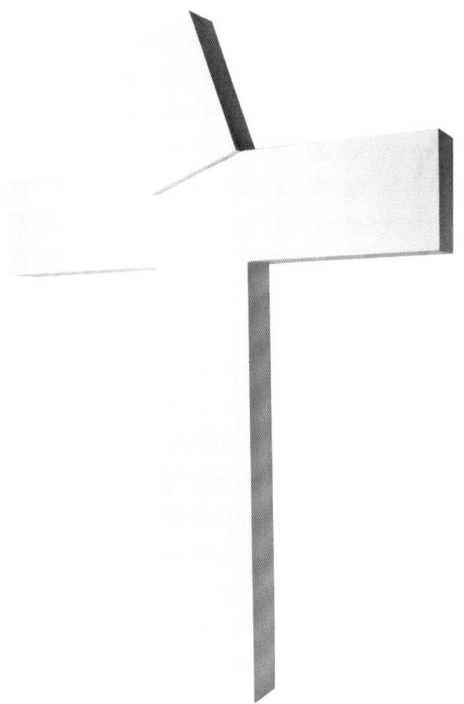

Armando Testa, *Vota NO*, 1970. Stampa su carta montata su tela e telaio / Print on paper mounted on canvas and stretcher, 100 × 70 cm. Collezione Gemma De Angelis Testa

Armando Testa, *Senza titolo (Segno)*, 1990. Legno dipinto / Painted wood, 250 × 150 × 15 cm. Collezione Gemma De Angelis Testa

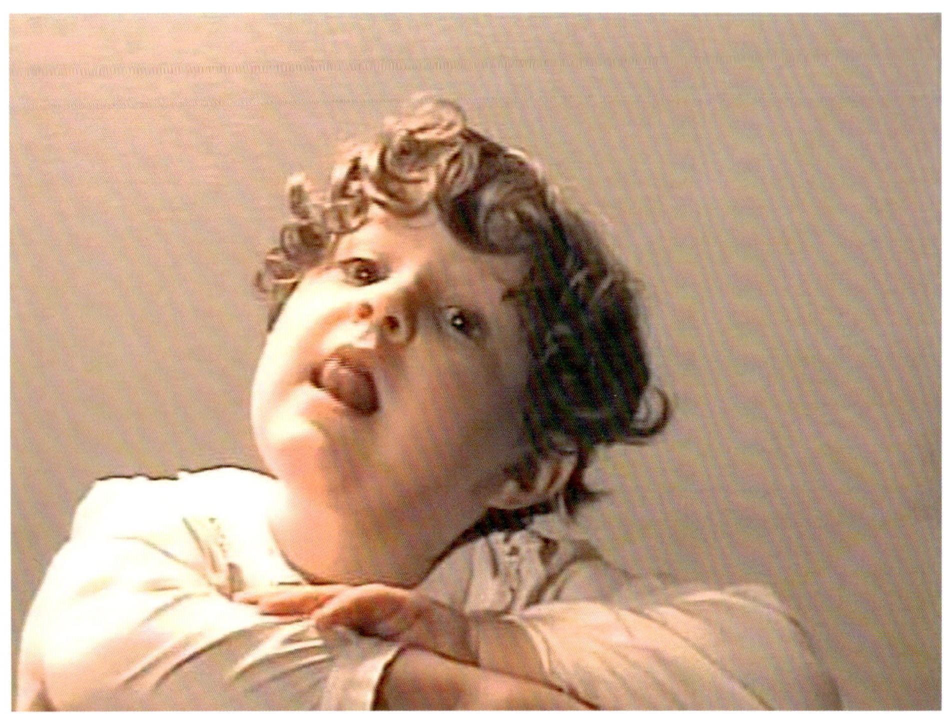

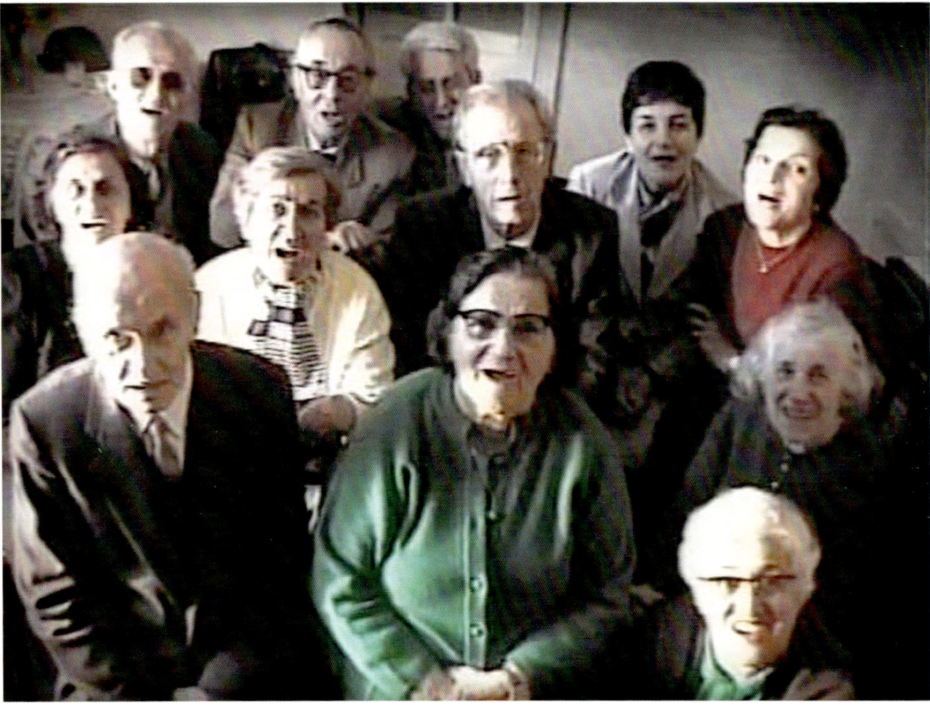

Adrian Paci, *Apparizione*, 2000. Video installazione su doppio schermo (Tea 1/2, Parenti 1/2) / Video installation on dual screen (Tea 1/2, Parenti 1/2), 3 min. ca. Collezione Gemma De Angelis Testa

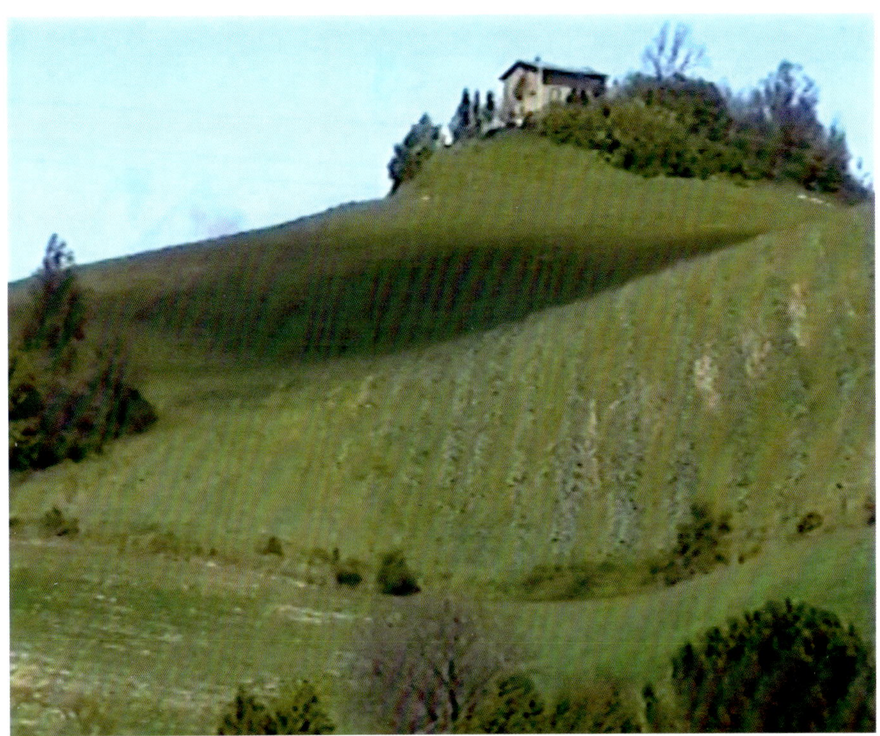

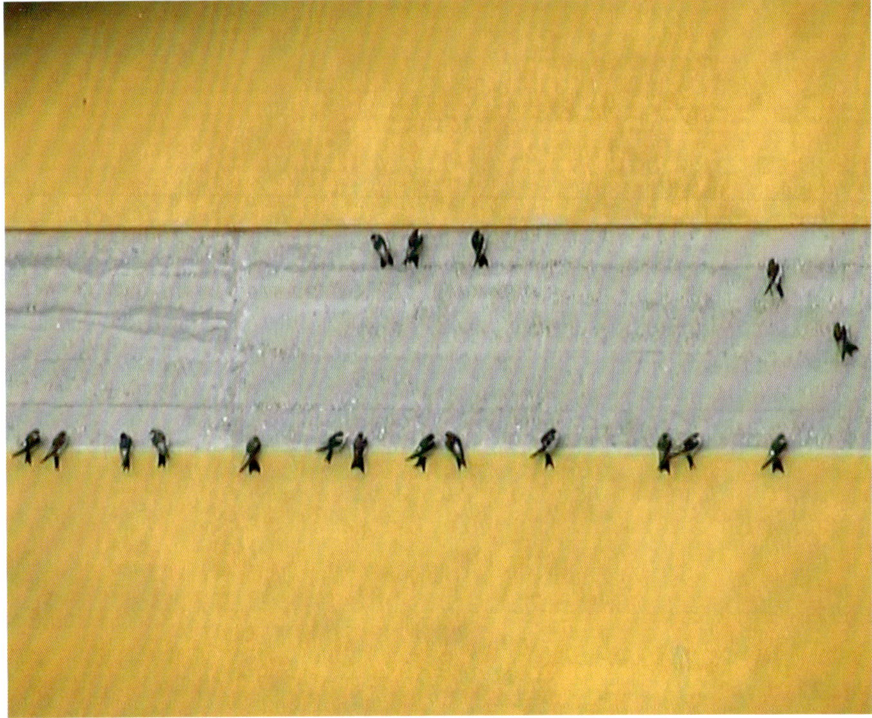

Sabrina Mezzaqui, *Carezze*, 2001. Videoproiezione, 3 VHS (Erba, Rondini, Nuvole) su monitor / Video projection, 3 VHS (Grass, Swallows, Clouds) on monitor. Collezione Gemma De Angelis Testa
Sabrina Mezzaqui, *Case gialle*, 2002. Video, senza audio / Video, no sound, 10 min. Collezione Gemma De Angelis Testa

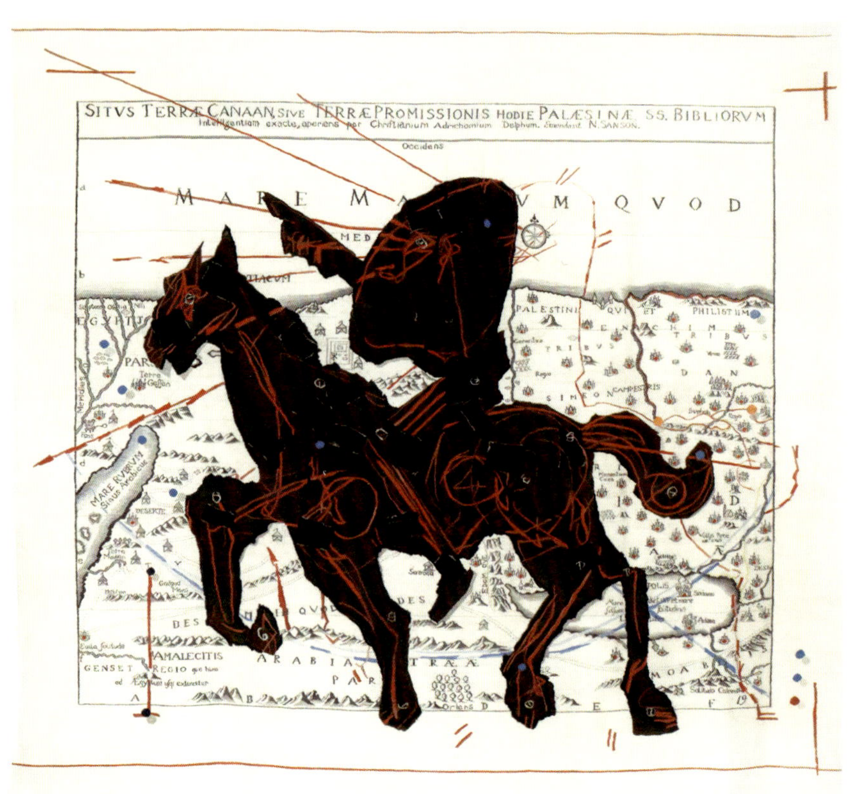

William Kentridge, *Promised Land*, 2008. Arazzo di seta ricamato / Embroidered silk tapestry, 300 × 355 cm. Fondazione Musei Civici di Venezia, Galleria Internazionale d'Arte Moderna Ca' Pesaro – Donazione Gemma De Angelis Testa

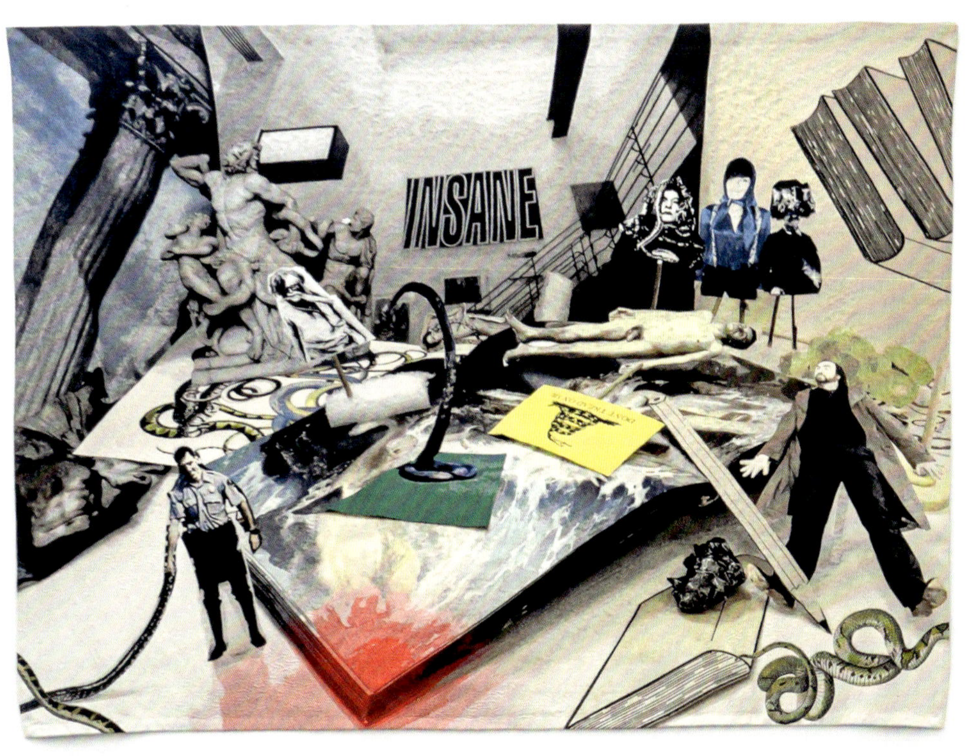

Goshka Macuga, *Aby Warburg on Madness and Ritual, set for Scene 2,* **2014. Arazzo / Tapestry, 270 × 360 cm. Collezione Gemma De Angelis Testa**

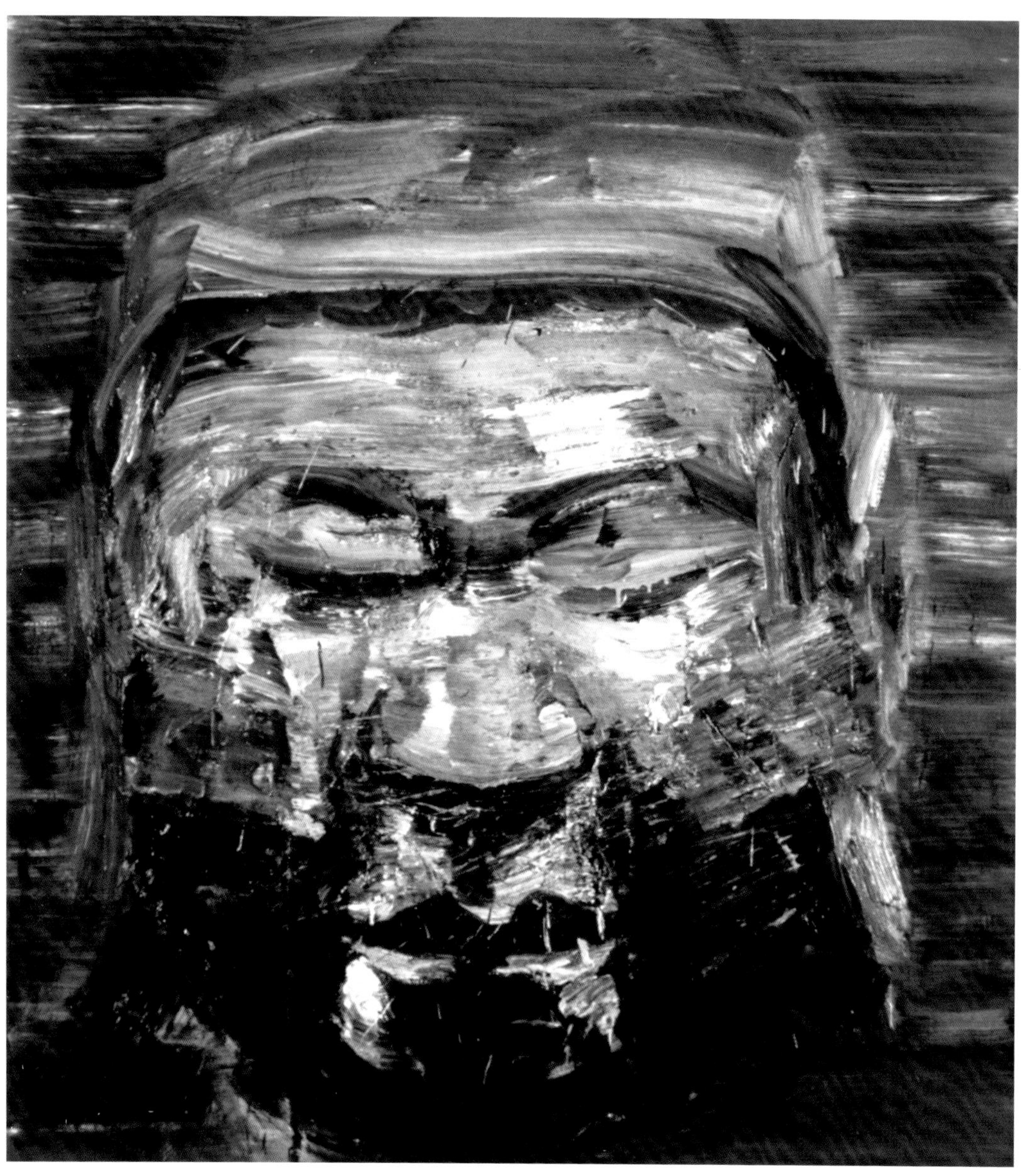

Yan Pei-Ming, *Buddha*, 2000. Olio su tela / Oil on canvas, 200 × 180 cm. Fondazione Musei Civici di Venezia, Galleria Internazionale d'Arte Moderna Ca' Pesaro – Donazione Gemma De Angelis Testa

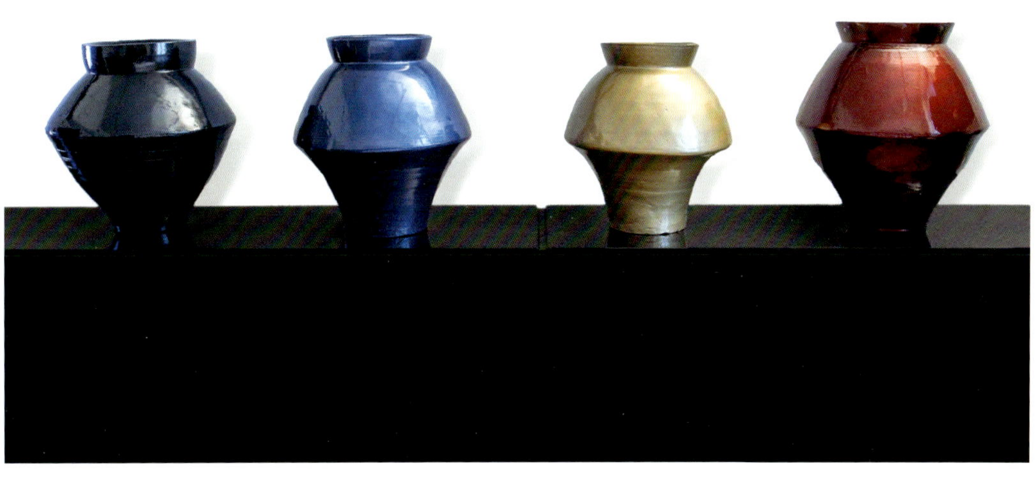

Ai Weiwei, *Colored Vases*, 2014. Vasi della dinastia Han (206 a.C – 220 d.C), vernice per auto / Han dynasty vases (206 BC – 220 AD), car paint. Fondazione Musei Civici di Venezia, Galleria Internazionale d'Arte Moderna Ca' Pesaro – Donazione Gemma De Angelis Testa

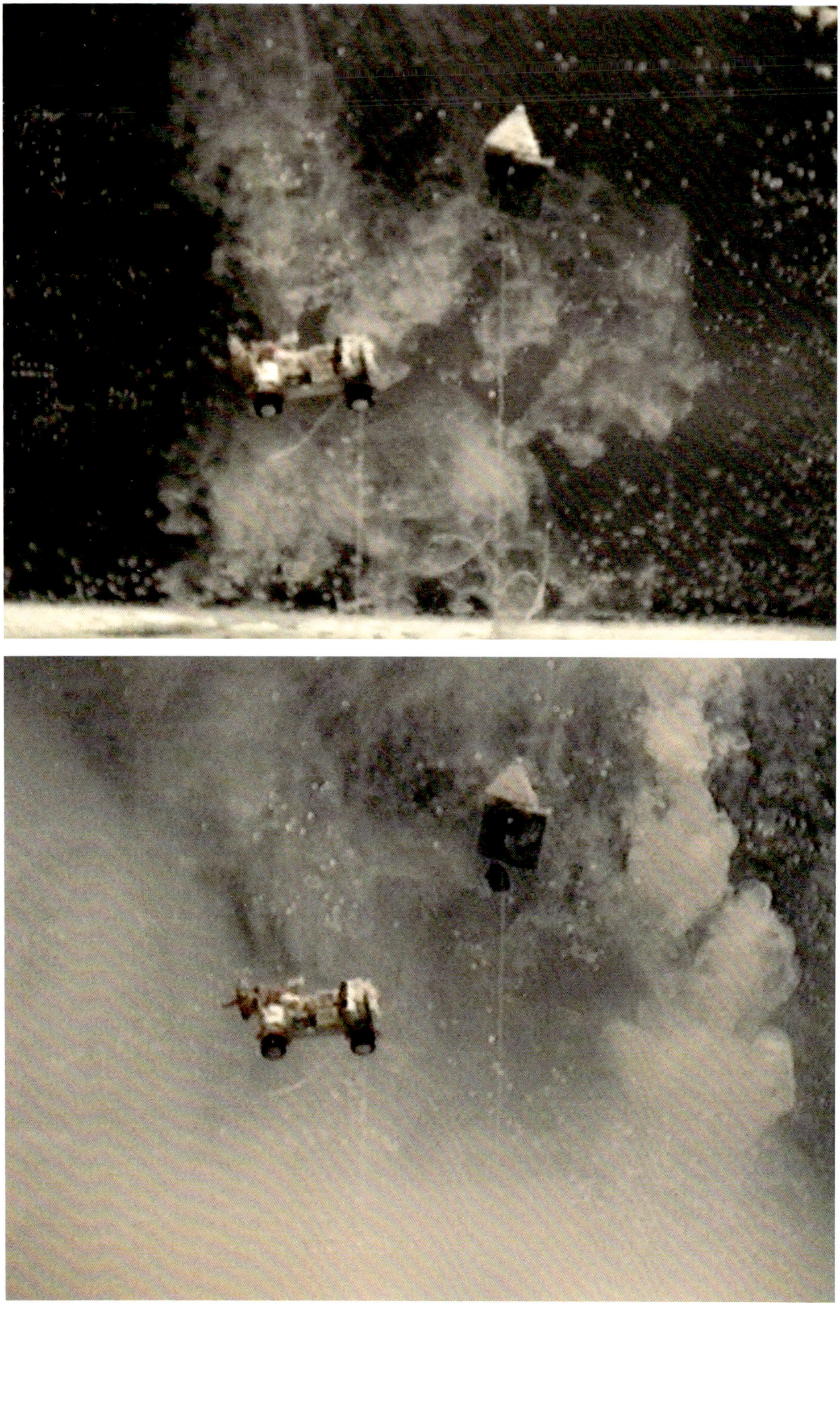

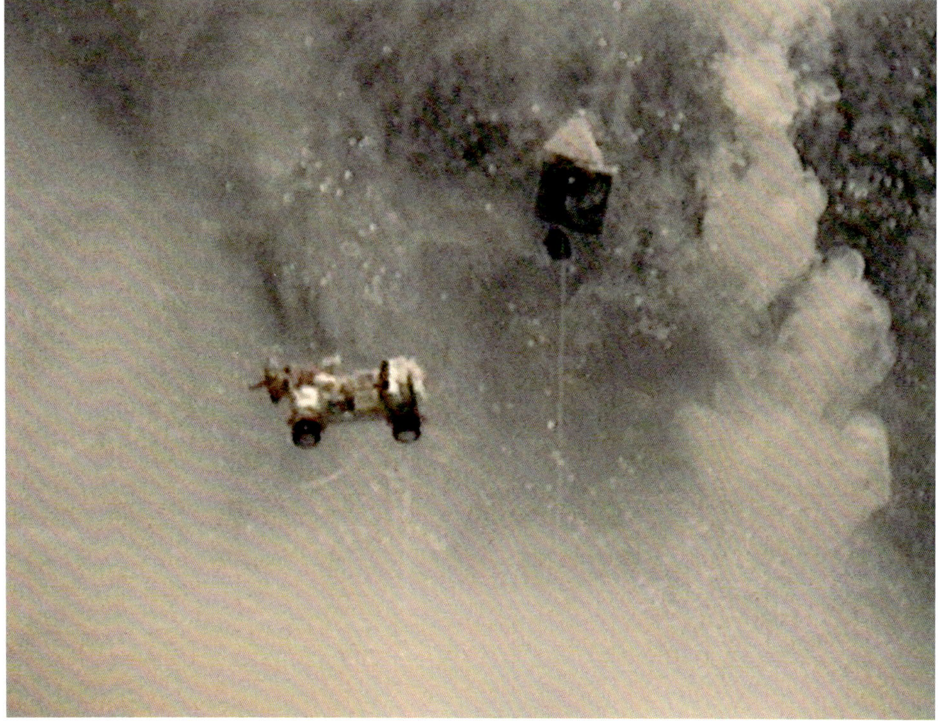

Grazia Toderi, *Prove per la luna*, 1996. Videoproiezione / Video projection, 20 min. Collezione Gemma De Angelis Testa

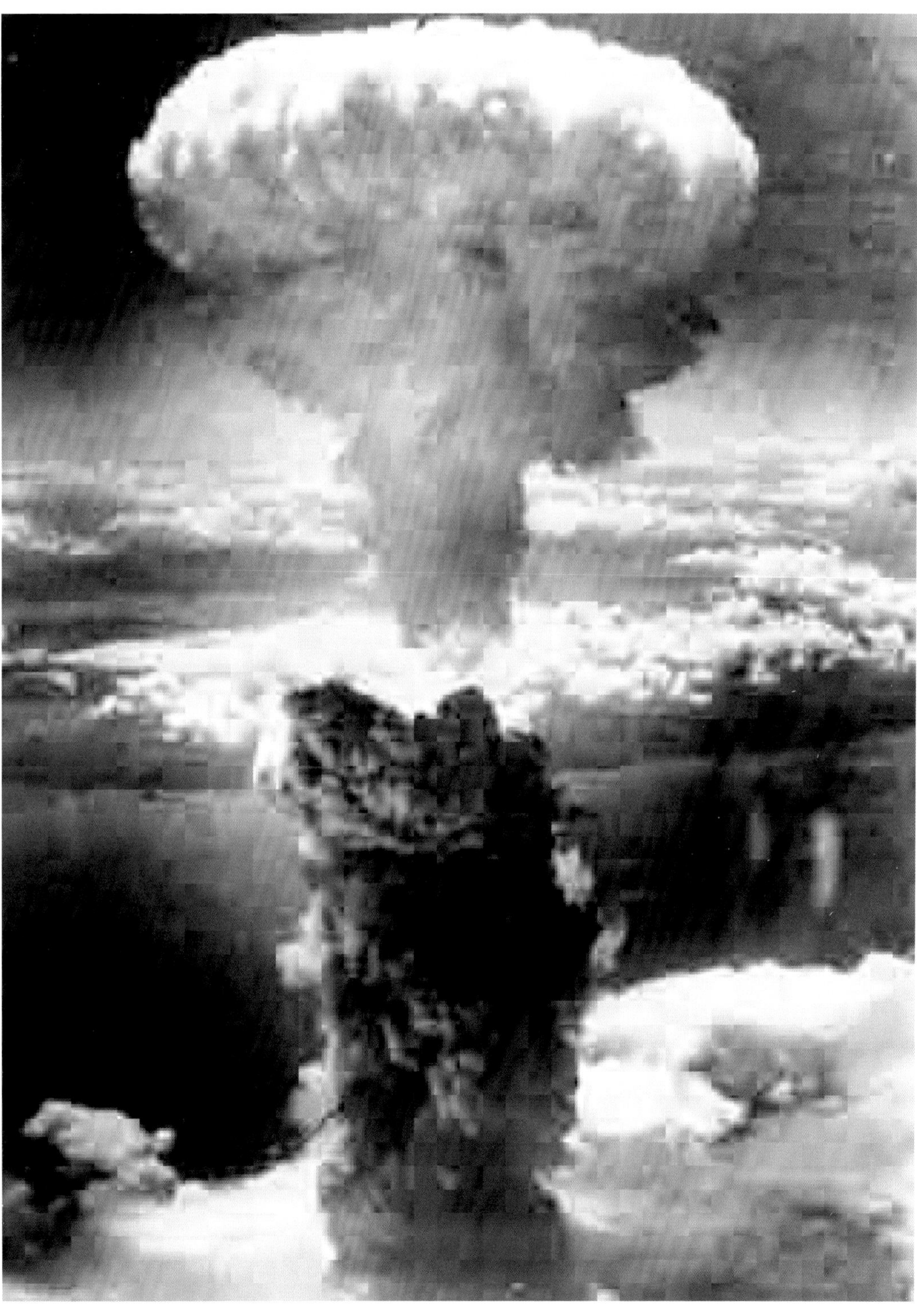

Thomas Ruff, *Jpeg nb01*, 2006. Stampa fotografica su carta / Photographic print on paper, 249 × 188 cm. Fondazione Musei Civici di Venezia, Galleria Internazionale d'Arte Moderna Ca' Pesaro – Donazione Gemma De Angelis Testa

Questo catalogo è stato pubblicato in occasione della mostra / This catalogue has been published on the occasion of the exhibition

UN ALTRO SGUARDO / A DIFFERENT GAZE
Opere dalla collezione Gemma De Angelis Testa / Works from the Gemma De Angelis Testa Collection

11 aprile / April – 12 ottobre / October 2025

La mostra è stata realizzata con la preziosa collaborazione di / The exhibition was made possible thanks to the valuable collaboration of
Testa per Testa srl
Fondazione Musei Civici di Venezia – Galleria Internazionale d'Arte Moderna Ca' Pesaro
Milano Museo del Novecento

Mostra e catalogo a cura di / Exhibition and catalogue curated by
Gabriella Belli
Gemma De Angelis Testa
Marta Spanevello

Organizzazione e produzione / Organization and Production
Erica Gasparini
con Priscilla Greggi

Progetto di allestimento / Exhibition Design
Fabio Sigismondi
Valentina Voltolin

Condition report
Antonio Rava
Per Rava e C. srl

Allestimento e trasporti / Installation and Transports
Interlinea Fine Art Services
Signorelli Cesare SAS di M. Signorelli

Assicurazione / Insurance
Assicurazioni Gestione Enti srl
Aon S.p.A.| Speciality Fine Arts, Jewellery & Private Client

Immagine coordinata / Visual Identity
Mousse

Ufficio Stampa e Web, Radio e Tv / Press Office and Web, Radio and Tv
Stampa e Web / Press and Web
Daniela Basso, FAI – Fondo per l'Ambiente Italiano
Giulia Zanichelli, Giulia Zanichelli Comunicazione
Radio e Tv / Radio and Tv
Novella Mirri, Fai – Fondo per l'Ambiente Italiano

Attività didattiche / Education
Cooperativa Sull'Arte

Un particolare ringraziamento a / Special thanks to
Gemma De Angelis Testa e / and Testa per Testa srl,
Elisabetta Barisoni, Dirigente Responsabile Area MUVE, Mestre; Gianfranco Maraniello, Direttore Musei d'Arte Moderna e Contemporanea, Milano; Pietro Caccia Dominioni, Direttore Panza Collection, Mendrisio.

E inoltre / and also
Marta Badocchi, Diletta Belli, Selene Crisafio, Elena Maria Folegani, Iolanda Ratti, Sofia Rinaldi, Marta Ruffato.

Volontari di / Volunteers of
Villa e Collezione Panza, Delegazione FAI-Varese

VILLA E COLLEZIONE PANZA

Comitato dei Garanti / Board of Guarantors
Giovanni Agosti
Gabriella Belli
Daniela Bruno
Marco Magnifico
Angela Vettese

Direttore / Director
Daniela Bruno

Curatore delle attività espositive e del programma culturale / Curator of Exhibition Activities and Cultural Programme
Gabriella Belli

Co-curatore / Co-curator
Marta Spanevello

Conservatore / Conservator
Erica Gasparini

Responsabile gestione operativa / Operations Manager
Emanuela Gussoni

Referente tecnico / Technical Lead
Fabio Sigismondi

Referente amministrativo / Administrative Lead
Alessandro Scarfò

Servizi didattici / Educational Services
Cooperativa Sull'Arte

Servizi al pubblico / Services to the Public
Nicola Atzeni, Carlo Chinetti, Maria Grazia Cotta, Alfredo D'Ambrosio, Leonardo D'Ambrosio, Irene Guida, Roberto Maestri, Michele Palma, Alessio Perpenti, Erica Ranzani, Maddalena Tavazzani

CATALOGO / CATALOGUE

Publishing Editor
Micola Clara Brambilla, Mousse

Graphic Design
Mousse

Editorial Coordinator
Emma Passarella, Mousse

Testi di / Texts by
Elisabetta Barisoni
Gabriella Belli
Gemma De Angelis Testa
Marta Spanevello

Traduzioni / Translations
Aelmuire Helen Cleary

© 2025 Mousse Publishing, Villa e Collezione Panza, Varese
© 2025 Gli artisti per le opere / The artists for the works
© 2025 Gli autori per i loro testi / The authors for their texts

Stampato da / Printed by
Grafiche Antiga

Prima edizione / First edition
2025

ISBN 978-88-6749-683-9
€ 25 / $ 27

Pubblicato e distribuito da / Published and distributed by
Mousse Publishing – Contrappunto s.r.l.
moussemagazine.it
via Pier Candido Decembrio, 28, 20137, Milan–Italy

Crediti fotografici / Photo credits
Fabio Mantegna
p. 52, 55, 58, 64, 65, 70, 71, 73, 77
Carlo Baroni
p. 53
Robert McKeever
p. 54, 67
Ben Hermanni
p. 56
Tim Bowditch, Reinis Lismanis
p. 59
Vanessa Beecroft, Armin Linke
p. 62
Nino Chironna
p. 63, 71
Adrian Paci
p. 72
William Kentridge
p. 74

© MARINA ABRAMOVIC, by SIAE 2025
© JOSEPH KOSUTH, by SIAE 2025
© GOSHKA MACUGA, by SIAE 2025
© PEI MING YAN, by SIAE 2025
© Robert Rauschenberg Foundation
© PIPILOTTI RIST, by SIAE 2025
© THOMAS RUFF, by SIAE 2025
© GREGOR SCHNEIDER, by SIAE 2025
© JEAN APPOLINAIRE TAYOU, by SIAE 2025
© MARIA GRAZIA TODERI, by SIAE 2025
© FRANCESCO VEZZOLI, by SIAE 2025

La mostra si svolge con il patrocinio di Regione Lombardia e in collaborazione con il Comune di Varese. Villa e Collezione Panza è Museo riconosciuto da Regione Lombardia.

The exhibition takes place with the patronage of Regione Lombardia and in collaboration with the Municipality of Varese. Villa and Collezione Panza is a museum recognized by Regione Lombardia.